재테크는 오십부터

50

평생 월급처럼
받게 해주는
연금 인출 전략

지철원 지음

재테크는
오십부터

위즈덤하우스

"이미 우리는 100세 시대에 살고 있어서
노후는 예상보다 늦게 시작되어
생각보다 오래 지속될 가능성이 큽니다.
물론 자산관리는 일찍 시작할수록 좋습니다.
오십은 노후를 제대로 준비할 수 있는
마지노선입니다."

오십, 노후까지 제대로 준비할 수 있는
최후의 자산관리 타이밍

예측한 대로 결과가 나온다면 투자가 얼마나 쉬울까요? 단기간에 자산은 눈덩이처럼 불어날 것입니다. 다소 맥 빠지는 말이지만 이런 방법은 없습니다. 하루아침에 근육질 몸을 만들거나 시험 성적을 급격히 끌어올릴 비법이 존재하지 않는 것과 똑같습니다.

하지만 아직 실망하기에는 이릅니다. 자산관리에 성공한 분들의 사연은 저마다 다르지만 공통점도 있습니다. 바로 자산관리의 원리를 이해하고 묵묵히 실천했다는 것입니다.

자산관리의 원칙을 지키는 것은 때로는 지루할 수 있습니다만, 장기적으로 남보다 더 나은 결과를 얻을 수 있는 유일한 방법이라고 확신합니다. 복구 불가능한 손실을 방어하는 동안 투자자는 수익을 낼 기회를 잡을 수 있습니다. 평범한 원칙이 화려한 편법을 이기는 법입니다.

자산관리의 원칙은 알고 보면 지극히 상식적입니다. 자신도 모르는 새 이미 자산관리의 원리를 체득하신 독자도 계실 거라고 생각합니다. 그렇다면 이 책이 제시한 방법을 창의적으로 응용해보시길 권합니다.

이 책은 다소 생소하게 들릴 수 있는 인출 전략으로 시작합니다. 베이비붐 세대의 은퇴가 대규모로 진행 중인 한국에서는 모으는 것뿐만 아니라 어떻게 빼 쓸 것인지에 관한 관심도 점점 높아지고 있습니다. 이미 적립 단계를 끝냈다면 보유 자산을 어떻게 인출해야 효과적일지 고민해야 합니다.

효과적인 인출 전략은 동일한 액수를 가지고 더 넉넉하고 더 편안하게 돈을 쓸 수 있게 해줍니다. 제 나름대로 논리를 세워 표준적인 인출 방안을 제시했습니다만 각자의 상황에 따라 선택은 다를 수 있습니다.

이자율이 물가상승률을 따라가지 못하는 현실에서 이제 투자는 선택이 아닌 필수입니다. 열심히 일해서 모은 자산을 어떻게 운용하느냐에 따라 은퇴 후 삶의 수준이 갈릴 것입니다. 똑같이 열심히 일하고 같은 시기에 은퇴했지만 어떤 이는 부유하게 살고 다른 이는 빈곤하게 삽니다.

투자에 성공하려면 분산투자와 장기투자의 원칙을 지키라는 말은 귀에 못이 박히도록 들었을 테지만, 이를 아는 것이 아니라 실천하는 것이 중요합니다. 저는 이론적 근거를 내세워 설명하는 데 그치지 않고, 독자들을 설득해 이를 실행에 옮기도록 하는 데 주안점을 두었습니다. 다양한 사례를 들어 구체적인 방법을 소개했습니다.

아무리 열심히 모았다고 해도 새어 나가는 구멍이 많으면 보람이 없습니다. 우리 사회에서는 자산과 소득에 대해 청구되는 비용이 증가하는 추세에 있습니다. 각종 세금과 국민건강보험료가 대표적입니다.

이런 비용을 줄이려면 오랜 시간을 두고 치밀하게 계획을 세워야 합니다. 그러나 절세 방법 중에는 그 효과를 장담할 수 없거나 탈세와 절세 사이에서 위태로운 줄타기를 하는 경우가 상당히 많습니다.

가장 편안하고 당당하게 비용을 줄일 수 있는 방법은 조세 당국이 권장하는 절세 계좌를 활용하는 것입니다. 자칫 간과하기 쉬운 연금을 받을 때 부과되는 세금에 대해서도 다뤘습니다.

지금까지 강의를 통해 수많은 분을 만나면서 시간이 충분할 때는 노후를 걱정하지 않다가 뒤늦게 노후 대책의 중요성을 깨달았을 때는 시간이 모자란 부조화에 큰 안타까움을 느껴왔습니다. 자산관리는 일찍 시작할수록 좋습니다. 그러나 우리 현실은 30대 중반에 접어들면서 자산관리에 관심을 갖기 시작하다가 40세가 넘어 본격적으로 실행하는 것이 일반적인 것 같습니다. 너무 늦었다고 자책할 필요는 없습니다.

이미 우리는 100세 시대에 살고 있어서 노후는 예상보다 늦게 시작되어 생각보다 오래 지속될 가능성이 큽니다. 냉정히 판단해서 나이 50 즈음이 노후를 제대로 준비할 수 있는 마지노선이라고 생각합니다. 50세를 염두에 두고 이 책을 쓴 것은 바로 그런 이유 때문입니다.

돈은 목적이 아니라 수단일 뿐입니다. 그런데 돈의 속성과 흐름을 이해하면 부자가 되는 데 그치지 않고 세상사를 꿰뚫어 보는 눈이 열리는 것 같습니다. 돈을 허투루 쓰지 않고 자기 책임하에 투자 결정을 내리는 사람이 허무맹랑한 속임수에 쉽게 넘어

갈 리가 없습니다. 비록 부족하지만 이 책을 읽어서 여러분이 자산관리에 관심을 갖고 현명하게 살게 된다면 더 바랄 나위가 없겠습니다.

이 자리를 빌려 연금포럼이라는 사회 공헌 조직을 세워 생애설계와 연금 교육 활동을 할 수 있게 배려해준 트러스톤자산운용에 감사드립니다. 트러스톤자산운용이 영리와 거리가 먼 연금포럼 활동을 전폭적으로 지원해주었기 때문에 이 책이 빛을 볼 수 있었습니다. 끝으로 이 책의 발간을 허락한 위즈덤하우스와 이 책이 나올 때까지 여러모로 도와주신 최연진 팀장님, 정지연 편집자에게 감사드립니다. 특히 제가 시간에 쫓기며 글을 쓰는 3년이라는 긴 시간 동안 용기를 북돋워주고 아낌없는 조언을 해주신 임경은 편집자에게 깊은 감사의 마음을 전합니다.

차례

PART 1

인출 전략?
꺼내 쓰는 것이 모으는 것보다 어렵다

PART 2

각자도생?
아무도 내 미래를 책임지지 않는다

PART 3

투자의 기술?
철학이 있는 투자가 승리한다

PART 4

오해와 진실?
제대로 알고 하는 투자가 이긴다

PART 1

인출 전략?
꺼내 쓰는 것이
모으는 것보다 어렵다

01

인출도
전략이 필요하다

아마 독자들 중 대부분은 지금까지 돈을 모으는 방법에만 매진해왔을 것이다. 요즘은 통 크게 투자해 평생 먹고살 만한 재산을 일궈서 일찍 은퇴하는 사람을 뜻하는 '파이어(FIRE)족'이 선망의 대상이라고 하지 않는가.

그러나 40대 중반에 접어들었다면 인생을 건 모험을 한다는 것이 조금은 부담스러워진다. 냉정하게 보면 이제는 돈을 크게 모을 꿈을 꾸기보다 많든 적든 그동안 모아놓은 자산을 가지고 어떻게 인출할 것인가를 고민할 때다. 이 문제를 고민하느라 시간을 끄는 사이에 피땀 흘려 모은 자산이 헛되이 새어 나갈지 모른다. 돈을 꺼내 쓰는 것은 아주 손쉬운 일이라고 착각하기 쉽지만 의외로 어려운 일이다. 그런데 최근 투자에 관심을 갖는 사람은 급속히 늘어나는 반면, 노후의 인출을 고민하는 사람은 가물에 콩 나듯 드물다.

중견 제조업체에 근무하는 최 부장은 평소 허물없이 지내는 옆집 권 사장이 정말 부럽다. 가진 재산이 워낙 많아서 인출하는 데 고민할 것이 별로 없어 보인다.

그처럼 부자가 아니더라도 내 수명을 정확히 알 수 있다면 인출 고민이 훨씬 줄어들 것 같다. 보유 자산이 총 1억 2,000만 원이고 남은 수명이 딱 10년이라면 매달 100만 원씩 꺼내 쓰면 된다. 모자란 것도, 남는 것도 없이 모든 자산이 깔끔히 정리될 것이다. 문제는 자기 수명이 언제까지인지 알 수 없다는 점이다.

수명 외에 물가상승률을 고려해야 한다. 액면 100만 원의 가치는 현재와 10년 후가 분명 다를 것이다. 인출할 때마다 물가상승률만큼 액수를 추가해야 삶의 수준을 유지할 수 있다. 수익률도 또 다른 변수다.

최 부장이 물가상승률과 수익률을 고려하면서 점차 증액하여 인출하는 복잡한 계산을 하려면 엑셀 차트 정도는 다룰 줄 알아야 한다. 추세적으로 금리는 낮아지고 평균수명은 늘고 있어 인출 환경은 점점 최 부장에게 불리하게 바뀌고 있다.

인출하는 액수를 줄이면 자산의 고갈 시기를 약간 늦출 수는 있겠으나 궁색하게 사는 것을 질색하는 아내가 반대할 것이 뻔하다. 최 부장은 그동안 살림하며 아이들을 키우느라 고생한 아내가 은퇴 후에 조금 누리며 살겠다는데 그 희망 사항을 꺾을 도리가 없다.

인출 방법을 고민하는 사람은 투자를 하는 사람과 근본적으로 생각이 달라야 한다. 투자하여 재산을 쌓는 과정에서는 과감성이 필요하고 운발도 어느 정도 작용하는 데 비해 인출 전략은 보수적이고 계산적이어야 한다.

인출 계획은 생각보다 훨씬 중요하다. 얼마나 효과적으로 인출 전략을 짰느냐에 따라 은퇴 이후의 운명이 갈릴 수도 있다. 효과적인 인출 전략은 같은 돈을 가지고 더 풍족하고 더 오래 쓸 수 있게 만든다.

최 부장은 어느덧 50대에 들어섰다. 거주하는 아파트를 제외하면 보유 자산이 아주 넉넉한 편은 아니라고 스스로 판단하고 있다. 지금부터 큰돈을 벌 기회가 올 것 같지도 않으니 인출 전략이라도 효과적으로 세워야 한다. 독자들도 최 부장을 따라 인출에 대한 기본 지식을 쌓고 본인의 상황에 대입하여 응용해보기를 바란다.

02

물가 상승을 감안해
인출해야 한다

가장 이상적인 인출 계획은 자금의 고갈 시점을 자기 수명과 일치시키는 것이 아닐까? 남지도 모자라지도 않으면 이상적이다. 하지만 어느 누구도 자기 수명을 사전에 알 수가 없다는 것이 문제다.

차선책으로 보유 자금을 평균수명으로 나눈 몫을 매년 인출하는 방법을 채택할 수 있다. 국민연금을 포함한 공적연금은 매년 물가 상승을 감안해 증액하기 때문에 삶이 끝날 때까지 생활수준을 그대로 유지할 수 있다. 하지만 보유 자금을 나누어 쓸 때

같은 효과를 내려면 시간의 흐름에 따라 자체적으로 인출액을 점차 증액해야 한다.

이런 문제를 풀기 위해 고민을 하던 어느 주말, 최 부장은 시내의 대형 서점에 들렀다가 자금 인출 방식을 다룬 서적을 발견하고 해결의 실마리를 얻었다. 1994년 미국 캘리포니아에 거주하던 재무설계사 윌리엄 벤젠(William P. Bengen)이 최 부장과 같은 고민을 가진 고객들에게 다음과 같은 목돈 인출 방법(벤젠룰)을 제시한 것이다.

첫해에 전체 금액의 4%에 해당하는 금액을 인출한다. 다음 해에는 잔고의 4%에 연간 물가상승분을 더해 인출한다. 인출하고 남은 금액을 예금 통장에 둔다면 자금은 너무 빠르게 고갈될 것이다. 25년을 버티기 힘들다. 예금 이자율은 대개 물가상승률을 따라잡지 못하기 때문이다. 더군다나 이자는 세금까지 원천징수된다.

자금 고갈을 지연시키기 위해서는 주식과 국채에 절반씩 투자하는 포트폴리오를 구성해 적정 수준의 수익률을 얻어야 한다. 예를 들어 물가상승률이 연평균 3%, 투자수익률이 연평균 5%라면 33년간 생활비를 인출할 수 있다.

최 부장은 정년인 60세에 3억 원 정도의 자금을 보유할 것으로 기대한다. 물가상승률을 연평균 3%, 투자수익률을 연평균

❗ 장기 자금을 예금하면 안 되는 이유

장기 자금 운용에서 투자 비중이 너무 낮은 것은 문제다. 투자 리스크를 지나치게 과대평가하여 높은 수익률을 얻을 기회를 날리는 것은 안타까운 일이다. 장기투자는 리스크를 낮추면서 수익률을 상승시킬 수 있는 아주 효과적인 방법이다. 예금은 마음 편할지 모르지만 자산을 크게 키울 수 있는 기회를 헛되이 날려버린다.

최 부장이 일찌감치 우리나라 코스피나 미국의 S&P500에 장기로 투자했다면 결과는 어떻게 됐을까? 과거 데이터를 분석해보면 1993년 1월부터 2023년 1월 사이의 코스피 연평균 수익률은 4.4%였으며 1993년 1월부터 2023년 1월 사이의 S&P500 연평균 수익률은 7.7%였다.

개별적·국지적 리스크를 줄이고 싶다면 전 세계 주식시장 또는 자산군별로 분산하면 된다. 또 주기적으로 투자자산의 포트폴리오를 재조정(rebalancing)하면 리스크를 더욱 낮출 수 있다. 무작정 리스크를 회피하려고만 든다면 노후 자금을 모으기 위해 소득의 대부분을 쏟아부어야 할지도 모른다. 어느 쪽을 선택하는 편이 나을지 깊이 고민할 필요가 있다.

5%로 놓고 계산해보니 34년간 매달 현재 기준으로 100만 원 가치의 돈을 인출할 수 있다.

만약 여기서 물가상승률이 낮으면 인출할 수 있는 기간은 더 늘어난다. 24쪽의 〈도표1〉을 살펴보자. 물가상승률 1%를 계속 유지한다면 매달 125만 원씩 인출해도 97세까지 버틸 수 있다. 조금 욕심을 내어 투자수익률을 6%까지 올린다면 매달 150만 원씩 92세까지 인출할 수 있다.

이자율 1%에 불과한 정기예금에 3억 원을 예치한다면 물가상승률 1%, 월 100만 원 인출을 가정했을 때 잔고는 85세쯤 일찌감치 바닥난다. 이 조건에서는 아끼고 아껴 인출액을 월 75만 원까지 줄여야 93세까지 버틸 수 있다.

만약 투자수익률이 인출률과 물가상승률을 합한 것보다 높으면 원금은 영원히 고갈되지 않을 것이다. 물론 안타깝게도 물가상승률이나 투자수익률은 내 마음대로 통제할 수 있는 변수가 아니다.

최 부장은 여러 조건에서 3억 원이 고갈될 때까지 걸리는 시간을 계산해봤다. 기대수익률은 물가상승률+2% 정도면 적당하고, 아내의 생존 기간까지 고려하면 인출 기간을 35년쯤 잡아야 할 것이다.

따라서 최 부장은 노후 기간의 물가상승률에 관계없이 3억 원의 목돈에서 월 100만 원씩 인출하기로 결정했다. 독자 여러분도 최 부장의 계산을 따라 보유 자금에서 얼마를 인출하면 될 것인지 어림셈을 해보길 바란다.

도표1 목돈 3억 원이 고갈될 때까지 걸리는 시간

인출률 수익률	3% (월 75만 원)	4% (월 100만 원)	5% (월 125만 원)	6% (월 150만 원)
1%	33년	25년	20년	17년
3%	53년	34년	25년	20년
5%	-	78년	37년	26년
6%	-	-	59년	32년

* 물가상승률 연간 1% 가정

인출률 수익률	3% (월 75만 원)	4% (월 100만 원)	5% (월 125만 원)	6% (월 150만 원)
1%	26년	20년	17년	15년
3%	33년	25년	20년	17년
5%	-	34년	25년	20년
6%	-	43년	29년	22년

* 물가상승률 연간 3% 가정

목돈 3억 원과 연금 월 150만 원, 당신의 선택은?

만약 당신이 현재 65세라면 3억 원의 목돈과 연금 월 150만 원 중 어느 쪽을 선택하겠는가? 정년이 10년도 남지 않은 최 부장은 연금 150만 원이 낫다고 생각하고, 박 과장은 목돈 3억 원이 낫다고 생각한다. 둘의 선택이 다른 이유는 3억 원으로 죽을 때까지 매월 150만 원을 마련할 수 있는가에 대한 자신감의 차이 때문일 것이다.

박 과장은 목돈 3억 원이 있다면 매달 150만 원쯤 마련하기가 그리 어렵지 않을 것 같다고 생각한다. 연 6%의 수익률을 낸다면 매달 150만 원의 이자를 죽을 때까지 받을 수 있고 원금은 그대로 남으니까 자녀에게 물려주면 된다.

반면 최 부장은 정년 이후 높은 투자 리스크를 감당하기가 상당히 부담스럽다. 저금리 시대에 6% 수익률을 우습게 볼 수 없지 않은가? 1년 정기예금 이자율의 2배에 이른다. 결코 달성하기가 만만치 않은 수익률이다. 최 부장의 계산에 따르면 이자뿐만 아니라 원금을 조금씩 깨서 쓴다고 해도 30년간 산다면 (물가상승률은 고려하지 않고도) 수익률이 연 4.3%는 되어야 한다. 그보다 오래 살게 될 경우를 대비한다면 매달 150만 원씩 '따박따박' 나오는 연금이 더더욱 유리하다는 생각이 든다.

기대하는 수익률이 높으면 목돈이 낫고, 그렇지 않으면 연금이 낫다. 오래 받으면 연금이 낫고, 그렇지 않으면 목돈이 낫다. 만약 연금을 목돈으로 환산하는 방법이 있다면 둘 중 누가 옳은 판단을 한 것인지 객관적으로 평가할 수 있을 것이다. 다행히 연금의 현재가치와 미래가치를 평가하는 계산법이 있다('NH통합계산기' 앱을 이용해 '연금의 현재가치'와 '연금의 미래가치'를 더 간편하게 알아볼 수도 있다).

앞으로 30년간 월 150만 원을 받는 연금의 현재가치는 연평균 수익률을 2.55%로 가정하면 3억 7,230만 원이다. 다시 말해 65세부터 95세까지 월 150만 원을 받으려면 당장 3억 7,230만 원이 필요한 것이다. 실제 금융상품이 계산과 조금 다른 이유는 비용이 추가되기 때문이다. 공시이율 2.55%인 보험사 연금 상품을 분석해보면 한 달 150만 원을 받기 위해 3억 8,490만 원의 목돈이 필요하다. 비용, 즉 수수료와 위험보장비용이 1,260만 원이라고 추정할 수 있다.

연금을 받는 기간이 30년으로 확정되어 있다고 가정하고 박 과장이 4.4% 이상의 수익률을 낼 수 있다면 목돈 3억 원을 선택하는 편이 낫다. 다음 페이지의 〈도표2〉를 보면 수익률이 4.4%일 때 연금의 현재가치는 2억 9,670만 원이 되어 연금을 선택하면 330만 원 손해이기 때문이다. 반대로 박 과장이 수익률을 1%밖에 못 낸다면 차라리 연금을 선택하는 편이 나을 것이다. 1% 수익률일 때 연금의 현재가치는 4억 6,450만 원으로 상승하기

도표2 연금 월 150만 원의 현재가치

기대 수익률 \ 받는 기간	10년	20년	30년	40년
1%	1억 780만 원	3억 2,480만 원	4억 6,450만 원	5억 9,100만 원
2.55%	1억 5,710만 원	2억 7,930만 원	3억 7,230만 원	4억 4,810만 원
4.4%	1억 4,310만 원	2억 3,620만 원	2억 9,670만 원	3억 3,600만 원
5%	1억 3,900만 원	2억 2,430만 원	2억 7,670만 원	3억 890만 원

때문이다. 이런 계산을 통해 박 과장이 연금보다 목돈을 선호하는 이유는 높은 수익률을 낼 자신이 있기 때문이라는 것을 짐작할 수 있다.

수익률 2.55%일 때 30년간 월 150만 원 받는 연금의 현재가치는 3억 7,230만 원이다. 연간 수익률 2.55% 정도면 만족하는 최 부장으로서는 목돈 3억 원을 선택하는 것보다 낫다. 연금을 받는 기간이 길어지면 당연히 연금의 현재가치는 상승한다.

만약 최 부장이 지급 기간을 확정하지 않고 종신으로 매달 150만 원을 받는다면 어떻게 될까? 수익률 2.55%일 때 40년간 월 150만 원 받는 연금의 현재가치는 4억 4,810만 원이다. 30년간 연금을 받을 때의 3억 7,230만 원에 비해 7,580만 원이나 크다. 최 부장이 장수할수록 월 150만 원인 연금의 가치는 뛴다. 조기에 사망한다면 손해지만 단명보다 장수가 두려운 최 부장에게는 전혀 문제가 되지 않는다.

초저금리가 고착화된 경제 환경은 최 부장이 연금을 선호하게 만드는 또 하나의 요인이다. 현재 예금 금리가 3% 정도임을 감안하면 연금의 가치는 생각보다 높다. 자신감 넘치는 박 과장과 달리 최 부장은 금리 이상의 수익을 내기 위해 투자 리스크를 안는 것이 부담스럽다. 그래서 목돈보다 연금을 선호한다.

04

92세까지 산다면
종신연금이 낫다

수익률이 높으면 목돈이 낫고 그렇지 않다면 연금이 낫다. 수익률이 같은 경우에는 오래 받으면 연금이 낫고 그렇지 않으면 목돈이 낫다.

연금은 타는 기간을 기준으로 종신형과 확정기간형으로 나눌 수 있다. 최 부장은 연금을 받기로 결정했지만 어떤 방법으로 받아야 할지 또 한 번 고민 중이다. 사망하기 전까지 지급하는 종신형이 마음은 편하지만 연금액이 적어서 조기에 사망하면 손해다. 적어도 일정 나이까지는 살아야 확정기간형에 비해 유리해

도표3 연금 개시 연령에 따른 유형별 연간 연금액 비교
(40세, 월 100만 원, 20년 납입)

연금 개시 연령	연간 연금액		
	종신(10년 보증*)	확정 기간(25년)	확정 기간(30년)
61세	1,382만 원	1,591만 원	1,402만 원
62세	1,446만 원	1,631만 원	1,437만 원
63세	1,514만 원	1,673만 원	1,474만 원
64세	1,587만 원	1,715만 원	1,511만 원
65세	1,665만 원	1,759만 원	1,550만 원
66세	1,748만 원	1,804만 원	1,589만 원
67세	1,837만 원	1,849만 원	1,629만 원
68세	1,932만 원	1,896만 원	1,671만 원

*공시이율 2.55%, 사망 시기와 관계없이 최소 10년간 지급 조건
**62세 : 종신형 연금의 누적수령액이 30년 확정기간형보다 많아지는 연령
***68세 : 종신형 연금의 누적수령액이 25년 확정기간형보다 많아지는 연령

진다. 손익분기점은 언제일까?

〈도표3〉의 조건대로 40세인 남성이 월 100만 원씩 20년간 연금 상품에 납입했는데 현재 공시이율이 지속된다면 61세에 적립금은 약 3억 원이 된다. 종신형과 25년 확정기간형을 비교하면 90세쯤이 손익분기점임을 알 수 있다. 61세부터 연금을 받기 시

작하면 종신형은 연 1,382만 원, 25년 확정기간형은 연 1,591만 원을 받는다. 90세가 되기 전에 종신형의 누적지급액이 확정기간형보다 커진다. 30년 확정 기간 방식과 비교하면 종신 방식이 대략 92세 이후부터 누적지급액이 커진다.

62세에 연금을 받기 시작하면 연간으로 종신형은 1,446만 원, 30년 확정기간형은 1,437만 원을 받는다. 종신형이 액수가 조금 크지만 사망하면 지급되지 않는다. 30년간은 무조건 지급되는 30년 확정기간형에 비해 불리한 점이다. 적어도 30년간 생존하여 92세가 되어야 종신형의 누적지급액이 30년 확정기간형에 비해 많아진다.

61세부터 연금을 받기 시작했다면 종신형이 30년 확정기간형보다 연금액이 조금 적다. 하지만 92세까지만 산다면 종신형의 누적연금액은 확정기간형보다 많아진다. 63세부터 연금을 받는 경우에도 마찬가지로 손익분기점은 93세 전에 온다는 것을 알수 있다. 92세까지 살 자신이 있다면 종신형을 선택해야 한다. 종신형과 확정기간형 중 어느 쪽을 선택해도 3억 원의 목돈은 대략 30년간 받는 연금 월 120만 원과 동등하다고 볼 수 있다.

따라서 앞으로 30년간 현재 공시이율이 지속된다면 목돈 3억 원을 선택한 박 과장보다 연금 월 150만 원을 선택한 최 부장이 더 현명하다고 판단할 수 있다.

종신연금의 손익은 수익률 못지않게 생존 기간에도 의존한다는 것을 알 수 있다. 62세에 연금을 개시했다면 92세 이후 1년 더 살 때마다 종신 방식이 1,446만 원씩 남는다. 반대로 92세 이전에 사망하면 30년 확정 기간 방식에 비해 1년당 1,437만 원 손해다. 87세에 사망한다면 7,185만 원(1,437만 원×5년) 손해를 보는 셈이다. 생존 기간에 따라 손익이 크게 갈리는 것이다.

평균수명이 지속적으로 증가하면서 종신형은 적어도 90세를 넘겨야 확정기간형보다 유리해지도록 설계되고 있다. 아무리 100세 시대라지만 선뜻 종신 지급을 선택하기 쉽지 않다. 하지만 오래전에 가입한 연금은 손익분기점이 더 이른 연령에서 생겨 종신형을 선택하는 부담이 비교적 덜하다.

최 부장은 이제 더 이상 연금을 준비할 시간이 없고, 박 과장은 아직 연금의 필요성을 깨닫지 못하고 있다. 세월이 흐르면 박 과장도 연금의 필요성을 깨닫겠지만 그때는 최 부장처럼 준비할 시간이 부족할 것이다. 인생의 아이러니다. 정년을 맞은 미래의 내가 연금을 준비하지 않은 현재의 나를 원망하는 안타까운 상황에 처하지 않기를 바란다.

05

국민연금을 당겨 받는 것이
손해인 이유

올해 딱 서른인 김 대리는 35년 후에 국민연금을 제대로 받을 수 있을지 의문스럽다. 국민연금 기금은 2055년경에 고갈된다고 한다. 이를 막으려면 기여율을 인상하거나, 연금 지급액을 줄이거나, 지급 시기를 늦춰야 한다. 김 대리는 이러다가 내기만 하고 받지 못할 것 같아 불안하다.

하지만 국민으로서 국민연금 납부를 피할 방법은 없다. 공적 연금제도를 시행하고 있는 전 세계 170여 개 국가 중에서 연금 지급을 중단한 사례는 단 한 차례도 없었다는 사실을 위안으로 삼고 활용 방안을 고민하는 편이 현명하다.

현재 조건만 유지된다면 가입자에게 국민연금은 개인연금보다 월등히 유리한 것이 사실이다. 국민연금의 수익비는 평균 1.7에 이른다. 평생 총 1억 원을 납입하면 나중에 1억 7,000만 원을 돌려받는다는 의미다. 민간 보험사의 연금보험 수익비가 1이 채 되지 않으니 국민연금이 얼마나 우수한지 알 수 있다. 벤젠룰(21쪽 참고)로 계산해보면 90세까지 산다고 가정했을 때 국민연금 한 달 200만 원은 8억 원을 보유한 것과 마찬가지다. 국민연금은 종신연금이며 물가 상승을 감안해 지급한다. 이런 특성을 잘 활용하면 노후를 좀 더 안락하게 만들 수 있다.

종신연금은 늦게 개시할수록 연금액이 증가한다. 분모에 해당하는 받는 기간이 줄기 때문이다. 확정기간형도 늦게 받으면 이자 붙는 기간이 늘어 연금액은 늘지만 종신형에 비해 증가폭은 훨씬 작다. 다음 쪽의 〈도표4〉를 보면 종신형의 연금 개시 시기를 65세에서 1년 연기하면 연금액이 5~5.4%씩 늘어난다는 것을 알 수 있다.

그런데 국민연금의 지급을 연기하면 개인연금보다 이득이 더 크다. 국민연금은 개시를 1년 늦추면 연금액이 7.2%나 늘어난다. 게다가 물가상승률을 반영하기 때문에 지급 시기를 연기할 때 실효 이득은 더 크다.

도표4 **연금 개시 연령에 따른 종신연금 지급액 증가폭**
(1980년생, 월 100만 원, 20년 납입)

연금 개시 연령	연간 연금액 (30년 확정 기간)	증가율	연간 연금액 (종신 10년 보증)	증가율
65세	1,550만 원	-	1,665만 원	-
66세	1,589만 원	2.5%	1,748만 원	5.0%
67세	1,629만 원	2.5%	1,837만 원	5.1%
68세	1,671만 원	2.6%	1,932만 원	5.2%
69세	1,713만 원	2.5%	2,034만 원	5.3%
70세	1,757만 원	2.6%	2,143만 원	5.4%

국민연금은 정해진 지급 개시 연령보다 최대 5년까지 일찍 받을 수 있는데 이를 '조기연금'이라고 부른다. 대신 연금 수령액은 당겨 받는 기간에 비례해서 줄어든다. 1개월 앞당길 때마다 수령액이 0.5%씩 감액되어 최대 5년이면 30%(0.5%×60개월)가 감소한다.

반대로 지급 개시 시기를 1개월 늦출 때마다 0.6% 연금액을 가산해주는 '연기연금'도 있다. 수급 시기를 최대 5년 늦추면 연금액이 36%(0.6%×60개월) 증가한다.

일찍 당겨 받는 것과 늦춰 받는 것 중 어느 쪽이 유리할까? 〈도표5〉를 보면, 1990년생인 김 대리가 60세부터 조기연금을 받

도표5 국민연금 지급액 비교(1990년생, 82세 생존 가정)

구분	월지급액	누적수령액	손익
만 60세 조기연금 (2050년부터 탈 경우)	88만 원	2억 3,232만 원	-2,064만 원
만 65세 노령연금 (2055년부터 탈 경우)	124만 원	2억 5,296만 원	0
만 70세 연기연금 (2060년부터 탈 경우)	167만 원	2억 4,048만 원	-1,248만 원

으면 수령액은 월 88만 원이다. 65세까지 기다렸다 노령연금을 받으면 124만 원으로 액수가 증가하는데 5년간 포기한 기회비용이 5,280만 원(88만 원×60개월)이다. 두 경우 간의 손익분기점은 77세인데 이후부터는 노령연금이 매달 36만 원씩 이득이다. 한국인의 평균수명 근사치인 82세까지 산다고 가정하면 최종적으로 2,064만 원을 더 받는다. 같은 논리로 따져보면 70세부터 167만 원씩 받는 연기연금은 조기연금보다는 816만 원 많지만 노령연금보다는 1,248만 원 적다. 시간이 흐르면 돈의 가치가 떨어져 실질적 이득이 없다는 생각은 안 해도 된다. 국민연금은 물가상승률만큼 매년 증액하기 때문이다.

김 대리가 90세까지 산다면 결과는 상당히 달라진다. 다음 쪽의 〈도표6〉을 보면, 조기연금을 신청하면 30년간 총 3억 1,680만 원, 노령연금은 25년간 총 3억 7,200만 원, 연기연금은 20년간 총

도표6 국민연금 지급액 비교(1990년생, 90세 생존 가정)

구분	월지급액	누적수령액	손익
만 60세 조기연금 (2050년부터 탈 경우)	88만 원	3억 1,680만 원	-5,520만 원
만 65세 노령연금 (2055년부터 탈 경우)	124만 원	3억 7,200만 원	0
만 70세 연기연금 (2060년부터 탈 경우)	167만 원	4억 80만 원	+2,880만 원

4억 80만 원을 받는다. 노령연금이 조기연금보다 5,520만 원 많다. 하지만 연기연금은 노령연금보다 2,880만 원 많고, 조기연금보다 8,400만 원이나 많다.

이와 같은 계산 결과는 가정일 뿐이다. 자기 수명을 알 수 없기 때문이다. 김 대리가 연기연금을 선택했는데 뜻하지 않게 평균수명에 훨씬 못 미쳐 사망한다면 금전적으로 손해다. 이런 선택을 할 때는 계산 외에 심리나 가치관도 영향을 미친다. 조기 사망의 집안 내력이 있거나 젊을 때 즐겨야 한다는 생각을 가졌다면 조기연금을, 오래 사는 위험이 걱정된다면 연기연금을 선택할 것이다.

06

인출 순서가
수익률을 좌우한다

동일한 액수의 목돈을 갖고 있더라도 인출 방법에 따라 여유롭게 살 수도, 빈곤하게 살 수도 있다. 인출할 때 깊이 고려할 또한 가지는 심리적 측면이다. 찾아 쓸 때 마음이 편한 돈이 있는가하면 불편한 돈도 있다.

앞에서 벤젠룰과 국민연금의 인출 원리를 설명했다. 이 두 가지를 함께 사용하는 방안을 살펴보면서 인출과 심리적 고려의 중요성을 설명하겠다.

차 부장은 현재 만 50세이고 아내는 만 45세다. 차 부장 부부는 자식에게 재산을 물려주는 것보다 노후에 손 벌리지 않는 편이 낫다고 일찌감치 마음을 굳혔다. 그렇다면 부부의 수명과 보유 자산의 고갈 시점을 일치시키는 것이 가장 이상적인 인출 방안일 것이다.

차 부장은 현재 보유한 4억 원의 투자수익률을 연 3%로 가정했다. 통상 만 65세부터 국민연금을 받지만 이 시기를 5년 한도로 앞당기거나 늦출 수 있다. 차 부장은 국민연금을 받기 전까지 보유한 현금을 쓰면서 버틸 수 있다는 전제 아래, 세 가지 경우로 나누어 비교해봤다.

첫 번째, 〈도표7-1〉과 같이 보유 자금에서 월 362만 원씩 인출하여 59세까지 버티고 60세 이후 국민연금 월 88만 원을 받는다.

두 번째, 〈도표7-2〉와 같이 보유 자금에서 월 252만 원씩 인출하여 64세까지 버티고 65세 이후 국민연금 월 124만 원을 받는다.

세 번째, 〈도표7-3〉과 같이 보유 자금에서 월 198만 원씩 인출하여 69세까지 버티고 70세 이후 국민연금 월 167만 원을 받는다.

국민연금과 벤젠률은 모두 물가상승률을 반영하는 계산 방식이므로 여기서 세월의 흐름에 따른 돈의 가치 하락은 배제할 수 있다.

도표7-1 차 부장의 인출 방안 1

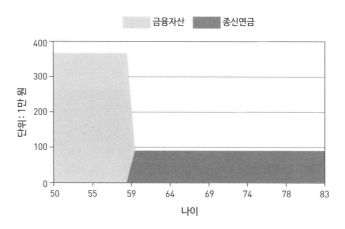

도표7-2 차 부장의 인출 방안 2

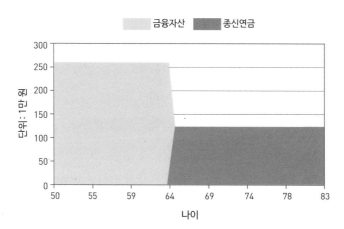

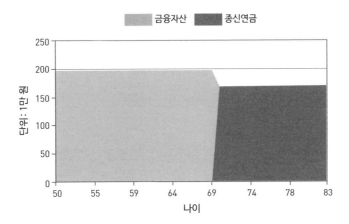

2021년 출생자의 기대수명은 약 84세다. 84세까지 산다면 세 번째 경우가 두 번째보다 1,944만 원, 첫 번째보다 6,792만 원 이익이다. 오래 살수록 이 격차는 점점 더 벌어진다.

사실 수명을 83세로 가정하는 것은 과소평가다. 현재 만 50세인 한국인의 기대수명은 약 85세이기 때문이다. 85세까지 산다고 가정하여 다시 계산하면 세 번째 경우가 두 번째보다 2,976만 원, 첫 번째보다 8,688만 원 이익이다.

이외에도 차 부장은 여러 방식으로 인출 전략을 시뮬레이션해봤다. 일곱 조각으로 모양을 맞추는 전통 퍼즐인 칠교놀이처럼 여러 형태의 자산 조각들을 조합하여 다양한 형태의 현금흐름을 만들 수 있다.

목돈 4억 원을 50세부터 85세까지 36년간 인출하면 월 128만 원이고 국민연금을 60세부터 타면 월 88만 원이다. 이렇게 하면 50세부터 59세까지는 월 128만 원, 60세 이후에는 월 216만 원의 현금흐름이 생긴다.

이 경우에 85세까지의 누적 인출액은 세 번째 경우보다도 3,168만 원이 많다. 목돈을 오랜 기간에 걸쳐 야금야금 인출하면 잔고가 완만하게 감소하거니와 투자 수익이 붙는 기간도 길어지기 때문이다.

이 인출 방식은 초기 10년간 얼마 안 되는 생활비로 버텨야 한다. 직장 생활 또는 사업을 통해 소득이 생길 것을 예상하는 반퇴자에게 적절하다.

더 장수하여 90세, 100세까지 산다거나, 인출 순서 또는 인출 기간을 바꾸면 어떤 결과가 나올지 이리저리 조합을 바꿔가며 각자 계산해보기를 바란다.

이 모든 계산은 가정을 전제로 한다. 수명, 수익률, 물가상승률, 인출률이 변수다. 따라서 최종 결과를 단정할 수는 없다. 그러나 다른 자금을 먼저 쓰고 국민연금을 되도록 늦춰 받는 전략은 생각보다 오래 사는 리스크를 두렵지 않게 만드는 심리적 안정감을 덤으로 준다.

내 수명은 평균보다 짧을 수도 있고 길 수도 있다. 그런데 돈이란 살아 있을 때 필요한 것이어서 인출 계획에서는 장수하는 경우를 훨씬 우려한다. 이런 비재무적 원리를 이해하면 효과적이고 마음 편한 인출 계획을 세우는 데 도움이 된다.

07
똑똑한 인출 방안은 세액을 줄인다

최 부장은 정년 이후를 계획하면서 자금을 인출할 때 세금에 대한 관심이 점점 커지고 있다.

비과세종합저축은 인출 전략을 짤 때 빼놓을 수 없는 절세 계좌라는 생각이 든다. 5,000만 원까지라는 한도는 있지만, 이 계좌에서 발생하는 모든 수익은 비과세된다. 비과세종합저축은 가입 한도인 5,000만 원을 넘지 않는다면 은행뿐만 아니라 증권사, 보험사에서도 나누어 가입할 수 있으며 예금, 주식, 채권, 펀드, 보험 등 다양한 금융상품에 적용 가능하다.

도표8 비과세종합저축과 ISA

구분	비과세종합저축	ISA
가입 자격	만 65세 이상 거주자, 장애인, 기초생활수급자 등	19세 이상 거주자, 15세 이상 근로자
저축 한도	총액 5,000만 원까지	연간 2,000만 원, 총 1억 원
저축 기간	제한 없음	3년 이상
세제 혜택	수익에 대해 비과세	수익 200~400만 원까지 비과세, 초과 금액에 대해 9.9% 분리과세, 손익 통산 과세

ISA(Individual Savings Account, 개인종합자산관리계좌)도 빼놓을 수 없다. 수익 200~400만 원까지 비과세이며 이를 초과하는 수익은 분리과세된다.

두 계좌 모두 유용하지만 기대수익률이 높고 세금이 많은 금융상품은 비과세종합저축으로, 기대수익률이 낮거나 세금이 적은 금융상품은 ISA로 가입하는 것이 유리하다. 국내주식형 펀드의 매매차익은 원래 비과세인 반면에 해외주식형 펀드, 채권형 펀드, ELS(Equity-Linked Securities)의 매매차익은 과세 대상이다. ISA가 각 금융상품의 수익과 손실을 모두 합산하여 수익이 있으면 그만큼에 대해서만 과세한다는 점도 고려해야 한다.

이런 점을 종합적으로 따진 끝에 최 부장은 국내주식형 펀드,

예금, 채권형 펀드는 ISA에 넣고, 해외주식형 펀드와 ELS는 비과세종합저축에 넣기로 결정했다.

연금저축과 개인퇴직연금(IRP, Individual Retirement Pension)을 묶어 연금계좌라고 부른다. 이 계좌에 납입한 900만 원까지의 금액에 대해서 세액공제 혜택을 받는다. 이것이 얼마나 큰 혜택인지 잘 아는 최 부장은 매년 연말에 서둘러 한도액만큼 납입하곤 했다.

그런데 최근 그는 세액공제는 절세의 시작에 불과하다는 것을 깨닫게 됐다. 연금계좌 내에서 발생한 수익에 대한 과세는 인출할 때까지 미뤄진다. 납입 원금에서 발생한 수익에 대한 세금을 오랜 시간이 흐른 뒤 인출할 때 떼니까 수익에 수익이 붙는 복리 효과가 생긴다. 따라서 동일한 수익률에도 매년 세금을 떼는 금융상품보다 불어나는 속도가 훨씬 빠르다. 퇴직급여도 연금계좌에 넣으면 각종 세제 혜택을 받을 수 있다.

최 부장은 연금을 받을 때도 세금을 내야 한다는 사실을 알게 됐다. 납입할 때 소득공제를 받은 공적연금은 수령할 때 종합과세 대상이 된다. 연금계좌는 납입할 때 못지않게 인출할 때도 절세에 효과적이다. 연금계좌에 적립된 자금은 그 성격에 따라 과세 방식이 다르다.

자금은 네 종류로 구분되는데 '회사를 떠날 때 받은 퇴직급여

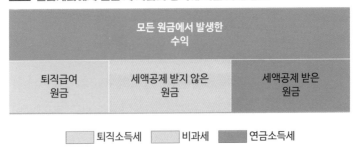

원금', '세액공제를 받지 않은 원금', '세액공제를 받은 원금', 그리고 '모든 원금에서 발생한 수익'이다. 퇴직급여는 일시에 목돈으로 받으면 퇴직소득세를 내야 한다. 그러나 연금계좌에 넣어두고 만 55세 이후에 연금으로 받으면 세금을 30~40%나 덜 낸다. 퇴직급여의 경우 연금을 받기 시작한 지 10년 차까지 30%, 11년 차 이후 40%의 퇴직소득세 절감 효과를 볼 수 있다. 그뿐만 아니라 분리과세 대상이 되고, 연금을 타는 동안 세금을 할부로 나눠 내는 이점도 있다. 세액공제를 받지 않은 원금은 언제 인출하더라도 비과세여서 따로 세금에 신경 쓸 필요가 없다. 세액공제를 받은 원금과 모든 원금에서 발생한 수익에 대해서는 저율의 연금소득세를 분리과세한다.

저율의 연금소득세를 적용받으려면 반드시 매년 연금 수령한도를 지켜 인출해야 한다. 연금 수령 한도는 다음과 같이 정의 된다. 연금계좌의 평가액이 1억 원이라면 첫해에 1,200만 원까지만 인출해야 한다.

$$\text{연간 연금 수령 한도} = \frac{\text{연금계좌평가액}}{11 - \text{연금 수령 연차}} \times 1.2$$

*연금 수령 연차가 10을 넘으면 수령액 전체가 한도 금액

세율은 나이에 연동하여 순차적으로 낮아진다. 60세에 연금을 받기 시작했다면 69세까지는 5%, 70세부터는 4%, 80세부터는 3%의 세금을 내는 식이다. 생존해 있는 동안 받는 종신연금은 69세 이전에도 4% 세율이 적용된다. 단, 이에 해당하는 연금액이 연간 1,200만 원을 초과하면 초과 금액이 아니라 전액이 종합과세 대상이 된다는 것에 주의해야 한다.

도표10 조건별 연금소득세율

구분	확정형	종신형
만 70세 미만	5%	4%
만 80세 미만	4%	
만 80세 이상	3%	3%
퇴직급여	퇴직소득세의 60~70% 수준	

*단 만 55세 이후 수령 시

연금 외에 다른 소득이 많을 경우, 종합소득세는 분리과세되는 연금소득세에 비해 급격히 커진다. 공직자, 교원, 그리고 군인처럼 공적·준공적연금을 많이 받거나 사업·근로소득 등 다른 소득이 많다면 특히 세심히 살펴야 한다. 미리 세무 전문가로부터 조언을 받아 적절한 연금 계획을 세우는 것이 좋다.

최 부장은 알면 알수록 절세를 목표로 할 때 연금계좌만큼 훌륭한 수단은 없다는 확신을 갖게 됐다. 무엇보다도 연금의 미덕은 노후 자금을 다른 용도로 써버리는 것을 막아주는 데 있다. 직장을 옮길 때마다 받는 퇴직급여를 다른 용도로 써버린다면 노후 자금이 부족할 것은 뻔하다. 근로 기간 중의 소득에는 노후 자금이 섞여 있다고 생각해야 한다.

공적연금만 믿을 게 아니라 사적연금으로도 젊을 때의 소득을 연금화해야 한다. 하찮은 돈이라도 노후에 연금으로 받을 때의 심리적인 만족감이 얼마나 큰지 젊어서 하루라도 빨리 깨달아야 한다.

08

지나친
노후 걱정도 병

이미 대한민국은 정년까지 땀 흘려 일한 국민에게 어느 정도의 노후를 보장하는 사회다. 우리는 오랜 기간 사회적 합의를 거치며 정비된 공적·사적 연금제도를 잘 활용하기만 하면 된다. 실체 없는 걱정을 하면서 허송세월을 할 것이 아니라 이미 준비되어 있는 것을 확인하고 부족한 부분을 채우면 된다. 노후 자금이 부족할 것 같으면 지금부터라도 부지런히 준비하면 되고, 아니면 씀씀이를 좀 줄이면 된다.

최 부장은 어제 신문에 난 '100세 시대' 특집 기사를 보다가

문득 은퇴 이후 계획을 구체적으로 세워보자는 생각이 들었다. 가장 먼저 머릿속에 떠오른 것은 국민연금이다. 지금까지 국민연금은 월급에서 원천징수됐기에 별로 신경 쓰지 않았던 터다. 국민연금 사이트(www.nps.or.kr)에 들어가 '국민연금 알아보기' 메뉴를 누르니 만 60세까지 총 360개월을 성실히 납부하면 65세부터 월 140만 원을 지급한다고 한다.

앞으로 15년간 월 140만 원을 받는 연금의 현재가치는 생각보다 크다. 360개월간 납부할 예상 보험료는 총 1억 3,000만 원

❗ 월 140만 원 연금의 현재가치와 미래가치

앞으로 15년간 월 140만 원을 받는 연금의 현재가치는 어떻게 될까? 최 부장이 계산해본 결과, 연평균 수익률을 2.6%로 가정하면 목돈 2억 650만 원의 가치를 갖는다. 다시 말해 목돈 2억 650만 원이 있고 앞으로 매년 2.6%의 수익률을 낼 수 있다면 월 140만 원을 15년간 받을 권리와 같다고 보는 것이다.

연금의 미래가치도 계산할 수 있다. 만약 월 140만 원의 연금을 한 푼도 쓰지 않고 모은다면 연평균 수익률을 2.6%로 가정할 때 15년 후에 3억 350만 원의 목돈이 된다. 이것을 연금의 미래가치로 본다.

연금의 현재가치와 미래가치를 계산하면 연금과 목돈의 기회비용을 비교할 수 있어 선택이 쉬워진다.

이다. 만약 65세부터 한국 남자의 평균 사망 연령인 80세 정도까지 15년간 받는다면 총수령액은 2억 5,200만 원이나 되니 상당히 괜찮다. 오래 살수록 수령액이 늘고 매년 물가상승률만큼 지급액이 증가한다는 조건도 마음에 든다.

그러고 보니 퇴직연금도 있다. 최 부장은 보유한 모든 금융자산의 기대수익률을 정년인 만 60세까지는 연 6%, 그 이후에는 조금 보수적으로 연 3%로 잡기로 결정했다. 연평균 물가상승률은 1.5%로 가정하기로 한다. 퇴직 시에 받을 퇴직급여를 계산해 보니 약 2억 원이다. 벤젠룰에 따라 매년 4%씩 인출하면 31년간 월 67만 원이 나온다. 오랜 기간에 걸쳐 인출하니 자연스럽게 퇴직소득세를 아낄 수 있다. 60세에 퇴직하면 바로 인출을 시작할 계획이다.

세액공제를 받으려는 목적으로 납입했던 연금계좌(연금저축과 IRP를 통칭) 잔고를 살펴봤다. 증권사에 계좌를 터서 매년 세액공제 한도를 채워 냈다. 각종 펀드에 분산해 운용했는데 지금까지 계좌의 연평균 수익률은 6%다. 이 수익률을 유지한다면 앞으로 정년까지 남은 10년 동안 계속 납부했을 때 2억 3,000만 원의 제법 큰돈이 된다. 정년 이후에도 당분간 생활비를 벌 것으로 예상해 연금계좌는 70세부터 인출하기로 마음먹었다. 계획대로라면 70세에 최종 잔고는 3억 원이 넘는다. 3억 원은 매년 8%씩 인출

도표11 최 부장의 노후 현금흐름

재원	월액	60~64세	65~69세	70~83세	84~90세	91세 이상
국민연금	140만 원					
퇴직연금	67만 원					
연금계좌	200만 원					
근로소득	200만 원					
총계		267만 원	407만 원	407만 원	207만 원	140만 원

하면 매달 200만 원씩 14년간 쓸 수 있는 돈이다.

최 부장의 경우 국민연금, 퇴직연금, 연금계좌를 합산하면 이미 월 140~407만 원의 현금흐름을 마련했다. 법정 정년 이후에 계획대로 좀 더 일해 근로소득까지 생긴다면 금상첨화일 것이다. 특히 국민연금과 벤젠룰은 모두 물가상승률을 감안하기에 가치 하락을 걱정하지 않아도 되는 장점이 있다.

건강염려증은 지나치게 건강을 걱정하다가 없던 병도 생긴다는 뜻의 신조어다. 노후염려증도 있는 것 같다. 우리는 예전보다 훨씬 장수하는데 사회마저 고령화되고 있다. 노후를 걱정하는 것은 당연한 일인지도 모른다. 하지만 지나친 걱정은 독이 된다.

노후에 대해 막연한 불안감을 갖고 있던 최 부장은 현금흐름을 정리하고 나서 먹고사는 데 큰 지장이 없겠다는 안도감을 느겼다. 다소 여유를 찾으니 아내가 국민연금에 임의 가입하여 기여금을 꾸준히 낸 사실이 기억났다. 예전에 은행 창구에서 가입해 납입을 끝낸 비과세 연금보험도 생각났다. 이런 것들까지 합치면 노후가 훨씬 여유로울 것이다. 최 부장은 구체적으로 노후 계획을 짜면서 자기도 모르는 사이에 많은 준비를 했음을 깨닫게 됐다.

대부분의 사람이 노후 대비가 부족하다고 느끼면 당황하기 시작한다. 그러나 적어도 국민연금은 가입했을 것이고 상위 30%에 들지 않는다면 기초연금까지 받는다. 2023년도 기준으로 기초연금액은 단독 가구는 최대 32만 원가량, 부부 가구는 52만 원가량이다. 이를 기반으로 준비하면 된다.

09

인출할 때는
초반 수익률이 더 중요하다

현재 급여는 최 부장보다 홍 대리가 훨씬 적지만 앞으로 받을 급여는 반대다. 반면 최 부장에게는 홍 대리가 갖지 못한 큰 자본이 있다. 따라서 젊어서는 급여를 받아 살고, 늙어서는 자본으로부터 생성되는 소득으로 살게 된다. 자본소득을 추구하는 것이 나와 전혀 상관없는 일이라고 여긴다면 노후가 평안하지 못할 것이다.

국가가 자기 노후를 책임질 것이라는 기대를 하는 것은 어리석다. 아무리 선진국이라도 국민의 노후를 충분하게 돌보지는 못한다. 자본으로부터 소득을 창출하는 기술을 일찍 습득한 사람과 그렇지 않은 사람의 노후는 크게 차이가 난다.

사회 초년생 때부터 큰 자본을 보유하고 있는 사람은 매우 드물다. 그래서 자본이 부족한 젊은 시절에는 주로 근로소득에 의존해 산다. 앞으로 정년까지 기간이 많이 남아 있기 때문에 여유가 있다. 그런데 나이가 들면서 잔여 급여는 점점 감소하고 정년이 되면 거의 바닥난다.

반대로 자본은 나이가 들면서 점차 누적되어 정년 무렵에 최고액에 이른다. 이때는 자본이 일해서 만드는 소득이 주요 생활비가 된다. 일반적으로 젊은 시절에는 월급으로 살고, 은퇴 이후에는 자본소득으로 사는 것이다. 노후에는 자본과 그것을 현명하게 운용하는 능력, 둘 다 갖추고 있어야 한다.

자본은 돈을 벌기 시작하는 시점부터 정년까지 적립과 투자를 통해 축적된다. 자본의 크기는 기간, 납입액, 수익률이라는 세 가지 변수에 따라 결정된다. 자본을 크게 불리려면 적립하는 기간과 납입하는 액수를 최대한 늘려야 한다. 이 부분은 의지의 문제다. 반면 수익률을 높이는 문제는 도전의 문제다. 자본을 운용하는 능력은 하루아침에 생기지 않는다. 젊은 시절 자본을 축적하는 과정에서 자연스럽게 습득하는 것이 가장 바람직하다.

우리나라의 현실을 직시한다면 국민연금에서 노후 최저생활비 정도를 받는다고 생각해야 할 것 같다. 나머지 생활비는 자본소득으로 보충해야 할 것이다. 노후의 투자 방법은 현역 때와 달라야 한다. 적립식으로 목돈을 모을 때와 목돈을 거치하고 정기적으로 인출할 때 투자한 자산 가격의 등락에 따른 잔고 변동 양상은 완전히 다르다.

적립식 투자에서는 단기적으로 자산 가격이 하락했을 때가 오히려 싼값으로 자산을 살 수 있는 좋은 기회가 된다. 가격이 최종 자산 크기에 결정적인 영향을 주는 시기는 목표 시점이 다가온 때다. 누적된 자산의 크기가 최고이기 때문에 이때의 수익률이 중요하다.

반면 목돈을 투자해놓고 정기적으로 인출해야 한다면 초기 수익률 관리를 잘해야 한다. 목돈을 거치했고 인출할 때마다 투자 원금이 줄어든다. 액수가 많은 초기에는 작은 가격 변동에도 손익의 폭이 크지만 점차 액수가 줄면서 가격 변동의 영향력이 감소한다. 결론적으로 손익에 결정적인 영향을 끼치는 타이밍은 투자 원금이 많이 쌓여 있을 때인데, 그 시기가 인출기에는 초기이고 적립기에는 후기다.

〈도표12〉를 보면 코스피지수에 연동하는 펀드에 1,000만 원을 거치하고 매달 20만 원씩 인출할 때와 매달 20만 원씩 적립할 때 코스피지수의 등락에 따른 잔고 변동을 비교해놓았다.

도표12 1,000만 원을 거치하고 매달 20만 원씩 인출할 때와
매달 20만 원씩 적립할 때의 잔고 비교

코스피지수	인출 시	적립 시	코스피지수	인출 시	적립 시
1,000	1,000	20	500	1,000	20
950	930	39	550	1,080	42
900	861	57	600	1,158	66
850	793	74	650	1,235	91
800	727	89	700	1,310	118
750	661	104	750	1,383	147
700	597	117	800	1,455	177
650	534	129	850	1,526	208
600	473	139	900	1,596	240
550	414	147	950	1,665	273
500	356	154	1,000	1,732	308
550	372	189	950	1,626	312
600	386	226	900	1,520	316
650	398	265	850	1,416	318
700	408	306	800	1,313	319
750	418	347	750	1,211	319
800	425	391	700	1,110	318
850	432	435	650	1,011	315
900	437	481	600	913	311
950	442	527	550	817	305
1,000	445	575	500	722	298

왼쪽은 코스피가 -50% 하락했다가 원래대로 회복했을 경우이고, 오른쪽은 코스피가 100% 상승했다가 원래대로 돌아왔을 경우다. 적립 시에는 중간 과정에서 지수가 최악으로 하락했던 상황이 오히려 수익률에 이익이 되지만, 인출 시에는 중반까지의 지수 상승이 유리하게 작용한다. 잔고의 변동 양상을 보면 거치식과 적립식 투자가 얼마나 다른지 금방 이해할 수 있다.

이런 원리로 봤을 때 정년 후 최악의 선택은 호구지책으로 낯선 분야의 사업을 시작하는 것이다. 부동산임대업이나 창업은 대개 대출을 끼고 하게 마련이라 투자 리스크가 굉장히 크다. 사업을 시작할 때부터 대박이 터질 확률은 매우 낮으며 오히려 사업 초기에 온갖 시행착오를 겪기 쉽다. 이를 극복하지 못한다면 내 인건비는 고사하고 이자를 내기 위해서 어쩔 수 없이 사업을 끌고 가는 어둡고 긴 터널에 들어가게 된다.

사실 자본으로 이익을 창출하는 능력을 따진다면 구멍가게는 상장 기업과 비교가 안 된다. 사업 실패로 부도가 날 가능성은 비교할 것도 없다. 상장 기업의 주식을 사는 것도 리스크가 너무 크다고 피하면서 퇴직 후 낯선 분야의 사업에 겁 없이 뛰어드는 모습을 보면 어리둥절하다.

PART 2

각자도생?
아무도 내 미래를
책임지지 않는다

01

남 탓은 투자 실패의
지름길이다

　자산 가격이 하락하면 분풀이 대상을 찾는 투자자가 있다. 하지만 벌면 내 능력이고 잃으면 남의 탓이라는 자세를 갖는다면 투자자로서 자질 부족이다. 투자 내공은 시행착오를 겪으며 실전적으로 얻는 경우가 많다. 실패했더라도 그 원인을 분석하는 과정을 통해 투자의 안목과 실력이 자란다. 이미 지난 일을 원망하다가 이 소중한 기회를 놓쳐서는 안 된다.

　금융업계에서 가장 욕을 많이 먹는 직군은 아마 애널리스트가 아닐까 싶다. 그들은 고객의 신뢰를 얻기 위해 밤을 새워가며 온갖 기법을 이용해 정확한 예측을 하려 애쓴다. 애석하게도 그 예상이 항상 적중할 수는 없다. 투자자가 명확히 알아둬야 할 점은, 애널리스트의 예측은 그의 개인적 의견, 또는 소속된 회사의 의견일 뿐이라는 것이다. 예상이 빗나가면 애널리스트는 공공의 적이 된다. 그래도 자기 생각을 밝히는 것이 그들의 직무다.

세간의 예상과 달리 러시아와 우크라이나의 전쟁이 장기화되는데 어떤 투자처가 유망할까? 물가가 급등하고 있는데 앞으로 코스피지수는 어떻게 될까? 최근 OPEC(석유수출국기구)의 감산 합의로 유가가 단기적으로 급등했다는데 그럼 앞으로 더 오를 수 있을 것인가?

투자 결정을 하려는 순간에 떠오르는 갖가지 의문에 대해 자신 있게 대답할 수 있는 사람은 아무도 없다. 나름대로 전망을 갖고 투자를 실행했다면 성공을 하건 실패를 하건 그 결과는 오롯이 투자자의 몫이다. 성공하면 수익을 얻지만 실패하면 손실을 입는다. 분명한 것은 성공했을 때 수익을 나눌 수 있는 상대라야 실패했을 때 원망도 할 수 있다. 남들의 의견은 그저 참고 사항일 뿐이다.

여러 정보를 취합하여 최종적으로 결정하는 것은 바로 자기 자신이므로 결정에 따른 모든 책임을 스스로 져야 한다. 투자상품에 가입할 때 마지막에 반드시 서명을 하게 되는 문장이 있다.

"모든 투자의 책임은 투자자 자신에게 있다." 내 자산을 지켜야 하는 사람은 바로 자신임을 깨닫는 것이 투자의 첫걸음이다.

투자는 실패하는 과정에서 더 많은 것을 배우게 된다. 그런데 투자 실패를 남 탓으로 돌리는 사람은 실패로부터 배우지 못한다. 성공하면 내 덕분, 실패하면 남 때문이라고 생각하는 것은 결코 객관적이라고 볼 수 없다. 항상 불평하며 칭얼대는 아이와 같다. 성숙하지 못한 생각으로 투자에 성공하려 한다면 투자를 모욕하는 것이다.

유의해야 할 것은 금융회사와 투자자의 이익이 서로 충돌하는 경우다. 애널리스트가 고객의 이익보다 자신 또는 회사의 이익을 우선시하는 보고서를 낸다면 명백한 범죄행위다. 금융회사 직원이 실적에 눈이 멀어 고객에게 상품의 부당한 교체나 잦은 증권 매매를 권유하는 행위도 마찬가지다. 이런 농간에 쉽게 넘어가지 않으려면 스스로 판단 능력을 키우는 수고를 해야 한다. 이런 노력 없이 투자를 하느니 아무리 이자율이 낮더라도 얌전하게 저축을 하는 편이 낫다.

예측이 번번이 적중한다면 투자수익률이 항상 이자율보다 낮다는 보장이 된다. 당연히 예금을 하려는 사람은 사라질 것이다. 그러나 투자를 하게 되면 반드시 고민이 많아지고 노력이 필요해진다.

이자율은 아무 노력도 하지 않을 때의 수익률이다. 예금을 하면 이자라는 무위험 수익을 얻는다. 리스크가 없는 대신 기회도 없다. 투자는 리스크를 안아야 한다. 고난의 길을 가야 하나 달콤한 결실을 얻을 가능성이 생긴다.

리스크에 대한 도전은 젊은이들의 전유물이 아니다. 이자율이 물가상승률을 따라잡지 못하는 시대에 소중한 나의 자산을 지키기 위한 투자 방안을 강구해야 한다.

02

성공 투자의 적,
세금을 가장 쉽게 줄이는 방법

세제 혜택 계좌인 ISA는 수익에 대한 세금을 면제받는다. 손실이 나거나 수익이 생기지 않으면 받을 혜택이 없다는 뜻이기도 하다. 그런데 납입만 해도 무려 13.2% 또는 16.5%의 세액을 돌려받는 상품이 있으니 바로 연금계좌다.

앞서 말했지만, 연금계좌는 연금저축과 IRP(개인퇴직연금)를 합쳐서 부르는 명칭이다. 2017년 7월부터는 기존에 가입 자격이 없었던 자영업자, 공무원, 교직원도 IRP에 가입할 수 있게 됐다. 소득이 면세점 밑에 있어 세금을 전혀 내지 않는다면 모르겠지만, 그렇지 않다면 매년 잊지 말고 적어도 연금저축계좌와 IRP의 세액공제 한도를 채워 납입할 것을 강력히 추천한다. 연말정산을 통해 피 같은 세금을 상당수 돌려받을 수 있다.

세제 혜택 측면에서 연금계좌는 어떤 금융상품보다 유리하다. 정부가 세금을 퍼주면서 얻고자 하는 목표는 단순하고 명료하다. 국민 스스로 노후를 준비하도록 유도하겠다는 것이다. 사실 우리 주변에 세금을 줄일 수 있는 묘책이 있다고 현혹하는 사람이 많지만 주의해야 한다. 대부분 제 잇속을 차리기 위한 마케팅 수법이다.

평범한 국민이 세금을 획기적으로 줄일 수 있는 쉽고 단순한 방법은 없다고 보면 된다. 조세 당국이 권장하는 절세형 금융상품을 활용하는 것이 최선의 절세 방법이고, 이 뻔한 방법을 얼마나 잘 활용하는지에 따라 자산관리의 성패가 갈린다.

연금저축계좌와 IRP는 세액공제율이나 의무 가입 기간 등 모든 조건이 거의 똑같지만 몇 가지 차이점도 있다. 근본적으로 연금저축계좌는 개인연금에 속하고 IRP는 퇴직연금에 속하기 때문에 생기는 차이다.

우선 최대로 투자 가능한 위험 자산의 비중이 다르다. IRP는 직장에서 의무적으로 가입하는 퇴직연금처럼 주식형 펀드 등의 리스크 높은 상품에 투자할 수 있는 한도가 70% 이하로 제한된다. 변동성은 낮아지지만 이런 제한이 없는 연금저축계좌보다는 높은 수익률을 얻기가 힘들다. 대체로 제한이 많은 IRP보다 연금저축계좌에서 가입할 수 있는 펀드의 종류가 훨씬 다양한 편이어서 시장 상황에 맞춰 다양한 펀드에 자유롭게 투자할 수 있다.

수수료를 놓고 봐도 IRP보다 연금저축계좌가 유리하다. IRP는 매년 편입 상품 수수료 외에 별도로 0.3%가량의 계좌 수수료를 내야 하지만 연금저축계좌는 상품 수수료만 내면 되기 때문이다.

연금계좌에는 연간 1,800만 원까지 납입할 수 있는데 수령 전까지 발생하는 수익에 과세되지 않는다. 따라서 이른바 복리 효과로 인해 똑같은 수익률이 나더라도 매년 세금을 떼는 경우에 비해 훨씬 큰 수익을 얻게 된다.

세액공제를 받을 수 있는 최대 납입 한도는 연금저축계좌는 600만 원까지이고 IRP는 900만 원까지다. IRP로 900만 원을 다 채우든지, 연금저축계좌 600만 원에 IRP 300만 원을 납입하는 식으로 세제 혜택을 온전히 받을 수 있다. 어떤 식으로든 IRP에 300만 원은 채워야 한다. 앞서 설명한 것처럼 투자할 대상의 제한이 적고 수수료 부담이 낮다는 장점을 고려한다면 연금저축계좌의 한도를 채운 후 나머지를 IRP에 납입하는 것이 낫다. 2022년까지 이 연금계좌의 세액공제 한도는 소득과 연령 조건에 따

도표13 연금저축과 IRP

구분		연금저축		IRP	
가입 대상		제한 없음			
의무 가입 기간		최소 5년 또는 55세까지			
세제 혜택	연봉 5,500만 원 초과	최대 600만 원	13.2% 세액공제	최대 900만 원	13.2% 세액공제
	연봉 5,500만 원 이하		16.5% 세액공제		16.5% 세액공제
절세 금액	연봉 5,500만 원 초과	79.2만 원		118.8만 원 (연금저축 포함)	
	연봉 5,500만 원 이하	99만 원		148.5만 원 (연금저축 포함)	
중도 해지 시		기타소득세(16.5%) 추징			

라 연간 700~900만 원이었다. 그러나 2023년부터는 조건 없이 연간 900만 원으로 통합됐다.

　연금저축계좌와 IRP의 세액공제만으로도 매우 큰 혜택을 받는 것은 사실이지만 수익률을 높이기 위한 노력을 게을리해서는 안 된다. 장기적으로 보면 당장의 세제 혜택보다 내 자산을 키우는 데 훨씬 더 큰 기여를 하는 것이 수익률이다. IRP와 연금저축계좌의 수익률은 정해져 있지 않으며 가입자의 노력 여하에 따라 달라질 수 있다.

물론 원리금 보장형 상품을 선택했다면 약속된 무위험 수익률을 얻게 된다. 리스크가 없어 마음 편히 지낼 수는 있으나 세상에 공짜는 없다. 무위험의 대가는 지극히 낮은 수익률이다. 이 정도의 수익률에 만족한다면 상관없지만, 그렇지 않다면 수익률을 조금이라도 높일 방법을 치열하게 찾아야 한다.

03

세금만큼 무서운
건강보험료

    연금계좌는 연간 납입금액의 최대 16.5%가 약속된 수익이나 마찬가지다. 연봉이 5,500만 원 이하라면 연간 900만 원을 납입했을 때 연말세금정산을 통하여 무려 148만 원의 세금을 돌려받기 때문이다. 여기에 적절한 자산 운용을 하여 수익률을 잘 관리했다면 추가적인 이득을 얻게 된다. 예금 이자율이 3% 내외인 시대에 절세는 수익률을 높일 수 있는 가장 확실한 수단이다.

    그런데 세금 말고도 수익률에 부정적인 영향을 끼치는 존재가 있으니 바로 준조세라 불리는 국민건강보험료다. 국민연금은 많이 내면 많이 돌려받지만 국민건강보험은 많이 내건 적게 내건 받는 혜택이 다를 바 없으니 좀 더 세금에 가깝다.

지금까지 여러 가지 사유로 국민건강보험 가입자는 직장과 지역으로 구분됐고 보험료 부과 체계가 달랐다. 직장가입자는 근로소득의 7.09%를 내지만, 지역가입자는 소득, 재산, 자가용 배기량 등에 점수를 매긴 값에 208.4원을 곱해 보험료로 낸다. 그러나 이런 이중적 부과 체계가 불합리하다는 의견이 직장가입자와 지역가입자 양쪽에서 나오고 있다. 이런 의견을 반영하여 정부는 2022년 9월에 국민건강보험 제도를 변경했다. 변경 내용을 보면 두 가지를 겨냥했음을 알 수 있다.

첫째, 지역가입자의 보험료 부과 기준을 점차 재산 위주에서 소득 위주로 전환한다. 직장가입자와 마찬가지로 소득에 7.09%를 곱해 건강보험료를 부과하고 재산 부과분은 줄였다. 이번 조치로 지역가입자의 65%인 561만 세대의 건강보험료가 월평균 3만 6,000원 인하되어 전체 수입은 연간 2조 800억 원가량 줄 것으로 추산된다.

둘째, 지출이 수입보다 큰 국민건강보험 제도의 지속을 위해 기존 가입자의 부담을 늘리기보다 신규 가입자를 늘리는 쪽을 선택했다. 이제 재산이 5억 4,000만 원을 초과하면 연간 소득이 1,000만 원만 넘어도 피부양자 자격을 잃는다. 장기적으로 보면 피부양자를 줄여 늘어날 수입이 이번 조치로 줄어들 수입을 채우고도 남을 것이다.

국민건강보험 부양자와 피부양자를 가리는 연간 합산 종합과세소득에는 이자·배당소득, 부동산임대소득은 물론이고 근로소득과 국민연금 수령액도 포함된다. 과거에는 각각의 세목별 소득이 연간 4,000만 원을 넘지 않으면 건강보험 피부양자가 될 수 있었지만, 2022년 9월 이후로는 재산이 전혀 없어도 종합소득이 2,000만 원을 넘으면 건강보험료를 내는 것으로 바뀌었다.

특히 노후의 주요 소득원 중 하나인 부동산임대소득에 대해서는 기준이 매우 엄격하다. 이미 2018년 12월 이후 연 2,000만 원 이하 임대소득은 분리과세소득으로 전환되어 소득의 14%를 납세해야 한다. 거기에 설상가상으로 임대소득 과세 대상 금액이 10원만 잡혀도 피부양자에서 탈락하여 건강보험료까지 내게 된 것이다. 졸지에 피부양자 자격을 박탈당하여 지금껏 건강보험료를 내지 않다가 부과 대상으로 전환된다면 당하는 입장에서는 마른하늘에 날벼락을 맞는 기분일 것이다.

이런 상황에 맞닥뜨릴 개연성이 높은 부류는 공무원연금 수급권자다. 옆집에 사는 이 교수는 연간 2,000만 원 넘게 받는 사학연금 때문에 피부양자 자격을 박탈당했다. 지역가입자의 건강보험료 산정에 영향을 끼치는 아파트 공시가격마저 상승해 건강보험료 부담은 점점 커지고 있다.

때로는 건강보험료로 인해 투자 성과가 뒤바뀔 수도 있다. 1억원으로 10%의 수익률을 냈다면 8% 수익률을 낸 것보다 성공적이다. 하지만 1,000만 원의 수익 때문에 피부양자에서 탈락해 연간 300만 원의 건강보험료를 내야 한다면 성패는 뒤바뀐다. 국민건강보험 제도에서는 2020년 11월 이후 연간 금융소득이 1,000만원에서 1만 원만 초과해도 1,001만 원 전액을 종합소득에 포함시킨다. 금융소득에 과세를 할 때 2,000만 원까지는 분리과세하고초과 금액에 대해서만 종합과세한다는 점을 감안하면 과도하다.

금융소득 같은 일회성 소득으로 인한 억울함은 약과다. 더 억울한 사례는 평생 받는 공적연금 액수가 많아서 피부양자에서탈락하는 사례다. 지금까지 대다수 전문가가 국민연금을 받을때 조기연금보다 연기연금이 유리하다고 말해왔다. 그런데 연금을 늦게 받음으로써 연간 연금액이 1,000만 원을 초과해 건강보험 지역가입자가 된다면 당겨 받는 것보다 오히려 손해가 된다. 국민연금을 좀 받는다는 이유로 기초연금까지 깎인다면 엎친 데덮친 격이다.

절세에 힘쓰는 것만큼이나 국민건강보험 제도의 변화를 유심히 살펴 적절한 대응 방안을 찾아야 할 것 같다. 투자 계획을 세우거나 연금 계획을 세울 때 반드시 당장 눈에 보이는 수익률과

세금뿐만 아니라 각종 준조세를 정교하게 고려하여 실수익률을 갉아먹지 않도록 노력해야 한다.

최 부장이 현재 보유한 예금 2억 원에 이자율 3%를 적용하면 매년 600만 원의 이자 수입이 생긴다. 노후에 받을 국민연금 예상 수령액이 연간 1,680만 원(월 140만 원)이니 피부양자가 될 수 없다. 600만 원에 대한 이자소득세 92만 원에, 지역가입자로서 내야 하는 연간 건강보험료 288만 원(재산세 과세표준 기준 5억 원 가정 시)까지 총 380만 원을 수익에서 빼야 한다. 결과적으로 2억 원의 실질수익률은 1.1%밖에 안 된다.

만약 최 부장이 예금을 비과세종합저축계좌를 이용해 가입했다면 과세 대상 이자소득은 450만 원으로 줄 것이다. 그리고 국민연금을 5년 당겨 받으면 연간 연금액이 1,478만 원으로 줄어들어 피부양자 자격을 유지할 수 있다. 그러면 총 600만 원의 이자에서 빠지는 것은 이자소득세 69만 원밖에 없으니 실질수익률은 2.7%로 껑충 뛴다.

이처럼 은퇴자에게 건강보험료는 무거운 짐이 될 수 있다. 이제 투자 결정을 할 때 세금뿐만 아니라 건강보험료를 중요하게 살펴야 할 것 같다. 특히 부동산과 금융소득은 건강보험료를 가장 크게 올리는 요인이 되니 신중하게 고려해서 투자해야 한다.

04

내 퇴직연금의
수익률을 높이려면

DB(Defined Benefit, 확정급여)형 퇴직연금은 기존의 퇴직금 제도와 유사하다. 퇴직할 당시의 월급에 근속 연수를 곱한 금액을 퇴직급여로 지급한다. 작년 말로 회사를 떠난 총무팀의 차 부장은 퇴직급여로 1억 3,882만 원을 받았다. 퇴직 직전에 받던 월급이 700만 원이고 근속 기간이 20년이었기 때문에 세전 퇴직급여는 700만 원×20년=1억 4,000만 원인데 퇴직소득세로 118만 원이 차감됐기 때문이다.

DB형은 기업이 정해진 액수의 퇴직급여를 지급해야 할 의무를 지므로 근로자 입장에서는 따로 신경 쓸 일이 없다. 만약 두 사원이 동시에 입사했고 퇴직할 당시의 급여가 같다면 퇴직급여액은 서로 동일하다.

근로자는 대부분 DB형을 선호하는 것 같다. 그 이유는 퇴직할 때는 아무래도 급여가 크게 올라 있을 것이고 정년까지 별 탈 없이 근무할 수 있을 거라는 기대 때문이다. 또 퇴직급여 적립금을 운용할 책임을 지는 것을 부담스러워하기 때문이라고 볼 수도 있다.

그러나 평생직장이 사라지고 임금피크제마저 도입되는 추세를 감안하면 앞으로 우리가 바라는 것과 같이 안정된 근무 환경을 기대하기는 쉽지 않다. 실제로 직장에서 피 튀기는 경쟁을 통해 진급하겠다는 미련을 버리고 정년을 채우는 것을 목표로 삼거나, 일찌감치 퇴직 후 제2의 인생을 준비하는 근로자를 흔히 찾아볼 수 있다.

이런 경우라면 퇴직금을 스스로 운용하는 DC(Defined Contribution, 확정기여)형이 오히려 더 많은 노후 자금을 마련할 수단이 될 수 있다. 원하든 원하지 않든 앞으로 DC형 퇴직연금이 대세가 될 것은 거의 확실하다.

연금제도의 변천사를 보면 수익률 책임을 누가 갖는지가 핵심 이슈임을 알 수 있다. 우리나라에서도 공적연금으로 인한 문제점이 국가적 근심거리가 된 지 이미 오래다. 받는 쪽도, 주는 쪽도 수지 불균형에 대한 책임 의식이 없기 때문에 모든 공적연금은 결국 고갈될 수밖에 없는 운명을 갖고 있다. 가장 먼저 공적연금을 시행했던 유럽 여러 나라의 전례를 보면, 연금 고갈 시기가 다가오면 젊은 세대가 납부한 돈을 은퇴자에게 지급하는 부과식으로 점차 전환한다. 이 과정에서 세대 간 갈등이 불거지는 것은 불가피하다. 공적연금의 이런 태생적 결함을 해소하고자 국가는 국민의 노후 보장 책임을 기업에 일부 전가했고, 그 결과로 퇴직연금 제도가 탄생했다.

기업의 주인인 주주는 재정에 대해 극도로 민감하기 때문에 퇴직연금은 공적연금처럼 적당히 걷어 인심 좋게 지급하지 않는다. 퇴직연금 중 DB형은 기업이 책임지고 정해진 퇴직급여액을 지급해야 하는데 먼 미래에 지급할 퇴직급여를 미리 준비해놓는다는 것은 무척 어려운 일이다. 국가가 그랬듯이, 기업은 이 부담의 일부를 근로자에게 떠넘겼고 DC형이 도입됐다. 모든 분야에서 각자도생하자는 것이 시대의 흐름이다.

가까운 일본에서는 DB형에 해당하는 후생연금의 부담이 감당할 수 없을 정도로 커지자 2001년에 DC형 가입을 장려하는 퇴직연금 제도를 도입하게 된다. 그런데 아이러니하게도 미국 근로자들이 넉넉한 노후 자금을 마련하게 된 비결은 1981년에 시작된 DC형 퇴직연금 401K에 있다. 미국 정부는 퇴직연금에 들어온 자금을 자본시장으로 유도하는 정책을 폈고, 그 결과 401K 도입 이래 2000년까지 다우존스지수가 15배나 장기 상승했다. 그 결과 미국 근로자들은 퇴직연금만으로도 넉넉한 노후 자금을 얻게 됐다.

DC형은 자금의 관리와 운용 책임을 근로자 스스로 져야 한다. DB형과 달리 같은 시기에 입사하여 똑같이 진급했는데도 불구하고 수익률을 잘 관리한 근로자와 그렇지 않은 근로자 간에 퇴직급여 격차가 크게 날 수 있다.

앞에서 차 부장은 DB형 퇴직급여로 세전 1억 4,000만 원을 받았다. 차 부장의 동기였지만 진급이 늦은 홍 과장은 1억 원밖에 받지 못했다. 그런데 옆 회사의 최 부장은 DC형 퇴직급여로 1억 5,200만 원을 받았다. 더욱 놀랍게도 같은 회사의 성 과장은 무려 3억 4,000만 원을 챙겼다고 한다. 비록 진급은 늦었지만 DC형 퇴직연금으로 연평균 15%의 수익률을 냈기 때문에 노후가 풍족해진 것이다.

성 과장은 입사 초기에는 국내뿐만 아니라 선진국과 개발도상국에 글로벌로 분산한 주식형 펀드 위주로 공격적인 포트폴리오를 짰으며 정년이 가까워짐에 따라 채권형 펀드, 리츠 펀드, 배당주 펀드와 같은 인컴 자산의 비중을 점차 늘려갔다고 한다. 근

도표14 수익률에 따른 DB형과 DC형 퇴직급여액

구분		입사 당시 월급	퇴사 당시 월급	퇴직급여액	연평균 수익률
DB형	차 부장	225만 원	700만 원	1억 4,000만 원	5.0%
	홍 과장	225만 원	605만 원	1억 원	2.3%
DC형	최 부장	225만 원	700만 원	1억 5,200만 원	6.0%
	성 과장	225만 원	605만 원	3억 4,000만 원	15.0%

무 연수가 동일하다면 DB형은 퇴직 당시의 월급에 비례하여 퇴직급여가 정해지지만 DC형은 퇴직 당시 월급 액수와 큰 관련이 없다. 수익률만 높일 수 있다면 저연봉자여도 고연봉자보다 더 많은 퇴직급여를 받을 수 있다.

근로자는 DC형의 장점인 세제 혜택을 적극적으로 활용해야 한다. DC형의 인센티브는 곳곳에 숨어 있다. 성과급을 퇴직계좌에 넣어두면 고율의 소득세 대신 저율의 퇴직소득세로 과세되는 절세 효과를 누린다. 차 부장은 퇴직금을 IRP에 넣어두고 만 55세 이후에 연금 형식으로 인출하면 세액을 30%나 할인받을 수 있다. 퇴직소득세 118만 원 대신 연금소득세로 82만 원만 내면 된다. 세금이 많아질수록 절세 금액도 많아진다.

요즘 투자에 눈을 뜬 동학개미들은 10년이든 20년이든 자산 가격이 오르는 것을 기다릴 수 있다는데, 어차피 장기 적립식으로 투자해야 하는 퇴직연금과 개인연금 적립금을 활용하면 훨씬 효과적이지 않을까? 기껏 끌어올린 투자수익률을 갉아먹는 세금을 방어하기 위한 가장 효과적 절세 전략은 바로 연금계좌의 활용이다.

국민연금은 사실 가입자에게 상당히 유리하게 설계된 연금이다. 그런데도 대부분의 사람이 할 수만 있다면 국민연금 보험료를 내지 않고 내 돈을 직접 관리하고 싶다고 말한다. 그런데 퇴직연금에서는 내 돈을 직접 운용하는 DC형이 아니라 회사가 책임을 지는 DB형에 대한 선호도가 훨씬 높다는 사실은 대단한 아이러니가 아닐 수 없다. DB형이 편안하게 많은 퇴직급여를 받을 수 있게 해준다고 착각해서는 안 된다. 퇴직할 때 내 월급이 생각만큼 높지 않다면 DB형의 퇴직급여액이 대단히 초라할 수 있음을 알아야 한다.

05

장수 vs. 투자,
어느 리스크가 큰가?

　많은 전문가가 예측하는 대로 100세 시대가 온다면 정말 기쁠까? 먹고살 걱정이 앞설 것 같다. 따지고 보면 최근에 노후 대책이 급격하게 사회적 문제로 떠오르는 중요한 원인은 우리가 생각보다 오래 살 가능성이 높기 때문이다. 노후가 이미 눈앞에 닥쳤다면 달리 뾰족한 수가 없다. 평생 피땀 흘려 모은 자산을 앞으로 남은 햇수만큼 나눠 쓰며 살아야 한다. 자산을 1/N 해야 하는 것이다.

　그런데 수명이 늘어 N이 점점 커지면 단위 기간 동안 쓸 돈은 줄어들게 된다. 만약 호기롭게 넉넉히 지출하다가는 돈보다 오래 사는 비극을 겪게 된다. 결국 누구나 은퇴 시기가 다가오면 평생 모은 재산을 죽는 날까지 끊이지 않을 현금흐름으로 바꿀 묘안을 찾는 데 몰두할 수밖에 없어진다.

이런 고민을 가진 사람들에게 가이드라인이 될 만한 공식이 이른바 '4% 벤젠룰'이다. 보유한 목돈에서 얼마만큼의 비율로 인출하는 것이 합리적인지 알려준다.

이 계산법에 따르면, 노후에 1억 원을 갖고 있다면 1년에 400만 원을 생활비로 쓰며 살아야 한다. 여기서 수익률과 물가상승률이라는 두 변수의 차이가 어느 정도인지에 따라 원금 고갈까지 걸리는 기간이 결정된다. 연평균 수익률과 물가상승률이 같으면 약 25년이고, 수익률이 물가상승률보다 2% 높으면 약 50년이다.

좀 더 현실적으로 말하면 현재 대한민국의 법정 정년은 60세니까 1억 원이 있으면 연 400만 원씩 쓰면서 85~110세까지는 버틸 수 있는 셈이다. 수익률이 물가상승률보다 단 2%만 높아도 25년을 더 생활할 자금이 확보된다.

보유 재산이 엄청나게 많다면 아무리 저금리 시대라 하더라도 이자만 꺼내 쓰면서 여생을 보낼 수 있을지 모른다. 하지만 그렇게 운 좋은 사람은 드물다. 4%룰은 우리에게 이자소득으로 노후를 살려는 것은 너무 안이한 생각이라고 말하는 듯하다.

스스로 장수와 투자 중 어느 쪽 리스크가 큰지를 묻길 바란다. 만약 수익률 관리에 게으르다면 그 대가로 말년을 빈곤하게 보낼 가능성이 높다. 수익률을 높이기 위해 온갖 노력을 기울여야 내 돈의 수명이 내 수명보다 길어진다. 목숨은 마음대로 되지 않지만 수익률은 노력으로 올릴 수 있다.

지금 같은 저금리 시대에 예금 이자로는 적정 수익률을 실현하기 쉽지 않다. 사실 금리는 어느 시대에나 만족스럽지 않은 수익률이다. 4%룰이 처음 고안됐던 당시에는 지금보다 금리가 훨씬 높았는데도 안전자산인 국채와 기대수익률이 높은 주식에 각각 일정 비율로 나누어 투자하는 포트폴리오를 기본으로 삼았다.

일반적으로 어느 나라든 중산층 이하는 평생 모은 재산을 쪼개 쓰는 것만으로는 노후를 여유롭게 지내기가 어렵다. 가뜩이나 길어진 여생을 살아가기 위해서는 인출하는 시기에도 일정 수준 이상의 수익률을 올릴 필요가 있다.

투자를 처음 실행하려 할 때 투자 리스크를 지나치게 겁내어 망설이는 모습을 흔히 볼 수 있다. 익숙하지 못한 일에 두려움을 느끼는 것은 인간의 자연스러운 본능이다. 그러나 생각보다 긴 생애를 살아야 하는 장수 리스크와 투자 리스크 중 어느 것이 더 위험한지를 한번 곰곰이 따져봐야 한다.

최근에는 장수 리스크가 투자 리스크보다 훨씬 크다고 여기는 의견이 점점 우세해지는 듯하다. 사람의 수명은 자기 마음대로 정할 수 있는 것이 아니라 하늘의 뜻에 맡길 수밖에 없는 것이다. 또한 세계적으로 인류의 영양 상태가 개선되고 노화와 질병을 극복할 수 있는 다양한 의학적 연구가 진행되면서 수명이 계속 늘어나는 것도 부정할 수 없는 현실이다.

반면 투자 리스크는 개인의 노력과 인내 여하에 따라 어느 정도 낮출 여지가 있다. 실제로 장기적인 시뮬레이션을 통하면 자산을 원리금 보장형 상품에만 배분하는 것이 일정 비율로 실적배당형 상품을 보유한 경우에 비해 오히려 노후 파산의 위험을 훨씬 높인다는 사실을 알 수 있다.

해외 선진국 국민들이 투자로 노후를 대비하는 이유는 이런 사실을 우리보다 빨리 깨달았기 때문이다. 절대로 풍요로운 노후를 거저 얻은 것이 아니다. 미국의 퇴직연금인 401K는 가입자가 스스로 운용하는 DC형 제도다. 그런데 현재 401K 가입자 가운데 백만장자가 속출하고 있다고 한다. 미국의 자산운용사 피델리티(Fidelity)는 401K 연금자산이 100만 달러 이상인 자사 가입자가 2020년 3분기 기준으로 26만 2,000명이라고 발표했다. 전 분기에 대비하여 17%나 늘었다. 2009년에 401K 백만장자가 2만 1,000명에 불과했던 데 비하면 10여 년 만에 11배 이상 폭증한 것이다.

많은 사람이 주식시장의 호황으로 인한 특수한 현상이었다고 반론을 펼 것이다. 코로나19 팬데믹이 시작된 이후 지난 몇 년간 한국에도 주식 투자 광풍이 불었다. 그러나 시황이 나빠지는 시기가 이어지면 분명히 많은 투자자가 주식시장을 떠나 영원히 돌아오지 않을 것이다. 과연 우리나라 국민이 미국 국민처럼 은퇴 자산을 크게 불렸는지 궁금하다. 이것이 의미하는 바를 깨닫길 바란다.

06

금융회사는 적도
내 편도 아니다

저금리 시대가 되면서 금융회사를 믿고 맡기면 원리금을 책임지는 저축상품만으로는 자산을 크게 불리는 것이 불가능해졌다. 이런 현실을 절실하게 느끼고 있지만 김 차장은 그동안 예금, 적금 외에 투자라는 것을 해본 적이 없다 보니 스스로 금융상품을 선택할 자신이 없다. 시간을 내어 방문한 회사 근처 증권사의 창구 직원은 투자는 저축과 달라서 스스로 결과에 대해 책임을 져야 한다고 설명했다. 곧이어 몇 가지 투자상품을 추천하며 가입할 때 알아야 할 단서 조항을 친절한 태도로 설명해줬으나 김 차장은 좀처럼 이해하기가 힘들었다.

복잡해 보이는 금융상품 중에서 내게 가장 적합한 것을 선택하는 과정은 매우 중요하다. 금융상품의 비용 또한 꼼꼼히 따져야 하는 사항 중 하나다. 다른 모든 상품과 마찬가지로, 만들기 힘들거나 애프터서비스를 많이 해야 하는 것들이 수수료가 비싸다.

금융상품은 기대수익률과 변동성이 비례한다. 대체로 기대수익률과 변동성이 높은 상품이 운용하고 관리하는 데 수고를 많이 들여야 하기에 수수료가 상대적으로 높다. 주식형 펀드가 채권형 펀드보다, 액티브 펀드가 ETF(Exchange Traded Fund)보다 수수료가 높다. 파생상품을 응용한 ELS와 같은 금융공학적 상품은 설계하는 데 많은 노력이 든다. 증권사나 은행이 자체적으로 만들지 못해 해외 상품을 들여다 포장만 하여 판매하는 경우도 많다. ELS는 수수료가 높으며, 원금 비보장형이 원금 보장형에 비해 수수료가 높다.

판매하기가 쉽지 않은 상품도 있다. 보험은 불행한 사태를 대비해 가입하는 금융상품인데 웬만큼 철저한 성격을 가진 사람이 아니면 자발적 가입을 기대하기가 어렵다. 그래서 보험은 판매자가 소비자를 방문해 오랫동안 공을 들여 가입을 권유하는 것이 관행이다. 이렇게 되면 판매 비용이 상승할 수밖에 없다. 특히 보험설계사는 은행 또는 증권사 직원과 달리 월급이 아니라 상품을 판매했을 때 인센티브를 받는다. 보험상품의 수수료가 높은 이유다. 반대의 논리로, 온라인을 통하면 펀드나 보험 수수료를 크게 아낄 수 있다. 다만 애프터서비스의 질은 다소 떨어진다는 점을 감안해야 한다.

우리가 물건을 사거나 서비스를 받고 나서 수고비를 주지 않을 도리는 없다. 제대로 된 금융회사를 통해 가입한다면 금융상품의 수수료가 터무니없는 것은 아니다. 김 차장이 금융 소비자로서 해야 할 일은 자기 상황에 가장 잘 맞는 금융상품을 선택하는 것이다. 적어도 투자를 할 때 어느 정도의 리스크를 감당할 수 있으며 어느 정도의 수익률을 원하는지는 스스로 명확히 정하고 금융회사를 찾아야 한다.

금융회사 직원의 안내를 그대로 믿으라는 말은 절대 아니다. 금융회사와 고객은 서로 이익이 충돌하는 관계이기 때문이다. 김 차장은 금융상품에 대한 설명을 들으면서 왠지 미덥지 못하다는 느낌을 받기 시작했다. 속으로 마음에 드는 상품을 정했는데 직원은 자꾸 엉뚱한 상품 가입을 유도하는 것이다.

이런 상황이 벌어지는 근본 원인은 좀 더 마진이 큰 상품을 팔려는 욕심에 있다. 회사가 실적 압박을 줄 수도 있고 직원 본인의 사욕 때문일 수도 있다. 이런 욕심이 지나치면 고객이 상품을 자주 샀다 팔았다 하도록 유도할 가능성이 커진다. 그래서 현명한 고객이라면 전문가가 어떤 상품을 권할 때 무조건 가입할 것이 아니라 수수료가 얼마인지 비교해보고, 추천하는 이유를 역으로 질문할 줄 알아야 한다.

소비자와 금융회사는 이익이 상충하면서 서로 필요로 하는 관계다. 소비자 입장에서도 금융회사를 통하지 않고 안전하게 금융상품에 가입할 방법은 없기 때문이다. 만약 은행, 증권사, 보험사 등 당국이 인가한 판매사에서 금융상품에 가입한다면 적어도 터무니없이 불리한 조건이나 지나치게 높은 수수료로 가입하는 불상사가 발생하지 않는다. 일차적으로 불합리한 점이 있는지 검토하는 과정을 거쳐 금융상품을 출시하기 때문이다. 무엇보다 허가받지 않은 유사투자자문업자 등을 통해 금융상품을 거래하는 일은 절대로 피해야 한다.

07

믿을 수 있는
FA를 고르는 방법

투자의 시대에 스스로 금융상품에 관심을 가지고 알아보려는 노력을 하는 것은 당연한 일이다. 그러나 틈틈이 하는 공부로 고도로 전문화된 내용을 모두 이해하는 것은 거의 불가능하다. 설상가상으로 금융상품의 구조는 나날이 복잡해지고 있다. 병을 스스로 검진하고 치료할 수는 없다. 법정 소송을 혼자 진행하기도 어렵다. 의사나 변호사를 찾아야 한다. 마찬가지로 내 돈의 운용에 대해 믿고 상담할 만한 전문가를 가까이 두는 것은 대단히 중요한 일이다. 사실 어느 분야를 막론하고 전문가의 역할은 명료하다. 고객에게 상담료 이상으로 더 큰 이득을 얻게 하면 된다.

어떤 금융회사나 직원을 선택해야 하는지, 혹은 피해야 하는지 몇 가지 가이드라인을 알아두면 도움이 될 것이다. 유독 특정한 금융상품을 강력하게 추천한다면 의심해야 한다. 상품의 선택은 결국 가입자의 몫이다. 그런데 가입자가 원하는 상품이 아닌 다른 상품을 자꾸 권한다면 무슨 속셈을 따로 가지고 있을 가능성이 높다. 이런 경우 수수료가 높은 상품에 가입시키려고 애쓰는 것으로 보아도 무방하다. 제대로 된 직업의식을 갖춘 직원이라면 고객의 뜻을 잘 파악하여 거기에 알맞은 상품을 제시하고 고객의 선택을 존중할 것이다.

직원이 회사에 강하게 결속되어 있는지 살펴볼 필요가 있다. 직원으로서 회사에서 많은 급여를 안정적으로 받는 상태라면 작은 이익을 얻으려고 좋은 직장에서 잘릴 위험을 쉽게 감수하지 않을 것이다.

반대로 회사에서 받는 급여보다 인센티브가 훨씬 많은 느슨한 관계라면 금융 사고를 일으킬 위험이 크다. 인센티브를 얻기 위해 열정을 다해 일하는 것은 장점이지만 인센티브를 얻는 데 눈이 멀어 불완전판매를 할 가능성도 높아진다. 투자상품을 설명하면서 수익을 확실히 보장한다든지, 보험상품을 권하면서 수수료 구조를 제대로 밝히지 않는다면 거래하지 않는 편이 좋다.

만약 가입자가 금융상품에 대한 지식이 풍부하다면 온라인을 이용하는 편이 낫다. 이는 같은 상품이라도 오프라인 매장보다 온라인 매장의 가격이 싼 이유와 비슷하다. 금융회사가 임대료 비싼 점포를 개점하고 고임금의 직원을 고용하면 비용이 올라갈 수밖에 없다. 물론 온라인 거래에 장점만 있는 것은 아니다. 비용을 적게 내고 가입한 만큼 사후에 충분한 서비스를 기대할 수는 없다.

믿을 만한 개인자산관리 전문가를 소개해달라는 요청을 자주 받곤 한다. 남의 돈을 다루는 입장에서 선량한 관리자로서의 의무를 다하는 전문가는 사실 우리나라의 금융업 환경에서는 흔하지 않다. 아직 판매와 상담이 분리되어 있지 않기 때문이다. 독립자산관리사(IFA, Independent Financial Adviser)를 양성하자는 의견이 나오는 것도 이런 문제와 관련이 있다.

소비자 입장에서 당장 불리하다고 느낄 수도 있다. 지금까지 공짜라고 생각했던 상담료를 이제는 내야 할지도 모른다. 하지만 의약분업을 시행하여 대한민국 국민이 독한 약을 덜 먹게 된 것처럼 장기적으로 금융 소비자에게 더 큰 이득으로 돌아올 공산이 크다. 공짜지만 불량한 상담을 받은 후 부적합한 상품에 가입하고 후회하면서 해지하는 것보다는 소정의 상담료를 지불하더라도 내 목적에 훨씬 부합하는 상품에 가입하는 것이 훨씬 큰 이득이다.

투자 파트너로서 훌륭한 금융 전문가를 만나는 것은 매우 중요하다. 수수료가 아깝다고 생각할 게 아니라 비용을 치른 만큼 전문가의 서비스를 누릴 생각을 하면 된다. 자산관리에서는 한마디 조언 여부에 따라 큰돈을 얻을 수도 잃을 수도 있다. 다만 FA의 역할은 올바른 선택을 돕기 위한 정보를 제공하는 것이고, 그 선택의 결과는 철저하게 자기 몫이라는 것 또한 절대 잊어서는 안 된다.

08

ISA에서 주식거래를 해야 하는 이유

2025년부터 그동안 비과세이던 국내 주식의 매매차익에 20%의 금융투자소득세가 부과될 예정이다. 게다가 수익이 3억 원을 초과하면 세율은 25%로 껑충 뛴다. 과세할 때 연간 수익 5,000만 원까지 공제한다고 하나, 과거 경험으로 미뤄볼 때 그 공제액은 점차 줄어들거나 사라질 운명임을 충분히 예상할 수 있다.

새로운 세금에 대해 지금까지 알려진 가장 효과적 대책은 ISA 를 활용하는 것이다. 국내주식형 펀드의 매매차익이 비과세이기 때문에 ISA는 지금까지 별 볼 일 없었다. 그러나 앞으로는 다를 것이다. 기존에는 펀드, ELS, RP(Repurchase Agreements, 환매조건부채권), REITs(Real Estate Investment Trusts, 리츠) 등 간접투자만 가능했으나, 2021년 중개형 ISA가 출시되어 국내 상장 주식에 직접 투자할 수 있는 길이 열렸다.

ISA는 의무 가입 기간이 3년으로, 연금저축이나 IRP보다 훨씬 짧아 단기투자가 가능하며 원하면 10년까지 연장할 수도 있다. ISA 내에서는 주식 매매차익이 얼마든 관계없이 전액 비과세된다고 한다. 따라서 예정대로 주식 양도차익에 대해 과세하기 시작한다면 금융투자소득세를 회피하기 위해 소액투자자는 거의 모든 주식을 ISA 내에서 매매할 것이 확실하다. ISA 납입 한도를 다 채우고 나서 투자할 자금이 남아 있으면 어쩔 수 없이 위탁계좌를 이용하게 될 것이다. 다만 기존 위탁계좌에 보유하고 있는 주식을 그대로 ISA로 옮길 수는 없다. 시간적 여유를 두고 주식을 매도하여 그 자금을 ISA로 이전해야 한다.

ISA는 소득 여부와 관계없이 19세 이상이면 누구나 개설할 수 있다. 단, 직전 3년 동안 한 번이라도 금융소득종합과세 대상자였다면 불가하다. ISA에는 연간 2,000만 원 한도로 5년간 최대 1억 원까지 납입할 수 있는데 한도는 이월된다. 올해 안에 ISA를 개설하면 2,000만 원의 한도를 확보하는 것이다.

ISA는 이른바 만능 통장으로서 예금, 적금, ELS, RP, REITs 등을 담을 수 있는 바구니와 같다고 보면 된다. 이 계좌에서 발생하는 수익 200만 원까지는 비과세이고, 이를 초과해도 9.9%의 저율로 과세한다. 연봉 5,000만 원 또는 종합소득 3,500만 원 이하인 경우에는 비과세 한도가 250만 원으로 늘어난다. ISA에서 5년간 총 500만 원의 수익이 발생했을 때 연봉이 5,000만 원 이하인 사람은 52만 원이나 절세할 수 있다.

　채권형 펀드나 ELS에 가입하려 한다면 투자 지역이 해외든 국내든 관계없이 ISA를 이용하는 것이 낫다. 이들 금융상품의 매매차익이나 환차익에 과세되는 15.4%의 배당소득세를 아낄 수 있다. 국내주식형 펀드에 가입할 때도 ISA가 유리할 수 있다. 수익과 손실을 상계하여 과세하기 때문이다. ELS에서 큰 손실을 봤는데 펀드에서 약간의 수익이 생겼다고 과세한다면 당하는 입장에서는 꽤 억울하다. 전체적으로 따졌을 때 손실을 입었다면 더욱 그렇다.

　ISA는 편입한 모든 상품의 수익과 손실을 전부 합산하여 수익이 있을 때 과세하는 방식을 취한다. 따라서 어떤 금융상품에서 수익이 났더라도 다른 금융상품에서 손실이 생기면 손익상계에 의해 세금을 줄일 수 있다. 예를 들어 하이일드 펀드에서 500만 원의 수익이 생겨 비과세 한도를 넘긴 300만 원의 양도차익에 과세가 될 상황을 가정해보자. 마침 같은 계좌 내의 국내주식형 펀드에서 300만 원의 손실이 발생했다면 총수익은 200만 원으로 줄어들어 세금을 내지 않는다.

계좌 내에서 발생하는 수익에 대해 매년 과세를 하는 것이 아니라 그 수익을 계좌에서 인출할 때 한꺼번에 한다는 것도 ISA의 미덕이라고 할 수 있다. 세금이 미뤄지면 납세자는 절세 효과를 누리게 된다. 이른바 복리 효과가 발생하기 때문이다. 또한 최종 인출할 때 손실을 봤는데도 불구하고 매년 결산하여 과세하기 때문에 세금을 내야 하는 불합리를 막을 수 있다.

09

자본으로부터
월급을 받아야 한다

예전에 우리나라에 돈이 아주 귀하던 시절에는 기업이 사채업자를 통해 자금을 조달하기도 했다고 한다. 어느 기업의 재무담당자가 기업 운영자금을 빌리기 위해 명동의 사채업자를 만났다. 볼일을 마치니 점심시간이 되어 함께 식사를 하게 됐다. 그런데 사채업자가 자장면 한 그릇을 사주면서 "내가 1,000만 원 빌려준 거야"라고 말하더란다. 1,000만 원의 하루 이자가 자장면값이라는 것이다. 그 사채업자는 1억 원의 액면이 아니라 창출할수 있는 현금흐름이 중요하다고 본 것이다.

이런 가치 평가의 예는 부동산에서도 찾아볼 수 있다. 예를 들어 어느 지역에 있는 수익형 부동산의 평균 수익률이 6%라면 매월 50만 원 월세를 받는 오피스텔의 가치는 1억 원이 된다. 나이가 들어 은퇴하면 평생 모은 재산이 얼마인지보다 매달 쓸 돈을 얼마나 만들어낼 수 있느냐가 더 중요해진다. '하우스 푸어'라는 말이 있지 않은가? 비싼 집에 살아 그럴듯하게 보이지만 실상은 비렁뱅이와 다름없다는 뜻이다.

자본으로부터 수익을 창출하는, 가장 쉬우면서 대중화된 방법은 연금이다. 연금을 마련하는 과정은 장기투자 경험을 쌓는 살아 있는 학습이다.

운에 좌우되지 않는 투자를 하려면 먼저 투자 기간을 정해놓아야 한다. 와튼 스쿨 교수이자 세계적인 주식투자전략가인 제러미 시겔(Jeremy Siegel)은 미국 주식과 국채의 보유 기간별 변동성과 수익률을 실증적으로 분석한 결과, 다음과 같은 결론을 얻었다.

1~2년 보유한다면 주식의 변동성이 국채보다 확실히 더 크다. 하지만 5년이면 주식의 변동성은 국채와 엇비슷해지고 평균 수익률은 훨씬 높아진다. 10년이 되면 주식의 변동성은 국채보다 오히려 현저하게 낮아지며, 17년을 넘어가면 주식 투자로 손실을 볼 확률은 거의 제로에 가까워진다.

연금성 자금 마련을 위한 자산 배분을 할 때 주식 편입 비중을 높여야 하는 이론적 배경이 바로 여기에 있다. 인간 수명의 연장으로 노후 생활비는 생각보다 많이 들며 적어도 30년 이상의 긴 세월 동안 준비하는 것이 보통이기 때문이다. 선진국 국민들이 목표별로 포트폴리오를 달리 짜는 이유도 투자의 성공 확률과 수익률을 조금이라도 높이기 위해서다.

연금이 자본소득의 유일한 해법은 아니다. 하지만 노후에 접어들면 투자 리스크를 더욱 경계해야 한다. 투자 리스크 없는 예금을 선택하자니 이자율이 만족스럽지 않고, 수익률을 높이려고 성장주식형 펀드를 선택하자니 투자 리스크가 두렵다.

이런 경우 선택할 만한 펀드가 배당주 펀드, 멀티에셋 펀드, 인컴 펀드, 롱숏 펀드, 그리고 채권형 펀드다. 이 펀드들은 주식도 투자 대상에 포함하지만 변동성이 비교적 적다. 수익을 크게 내는 데 집중하기보다 최악의 경우에도 손실을 최소화하기 위한 운용을 하기 때문이다.

배당주 펀드는 말 그대로 배당을 많이 하는 주식에 투자하는 펀드다. 매년 안정적으로 배당금을 받을 수 있고 주가 변동폭이 상대적으로 작다. 주가가 떨어지면 배당수익률이 높아져 매수세가 커지기 때문에 주가 방어가 된다. 주가가 상승하면 시세 차익이라는 보너스를 얻는다. 이자율이 물가상승률에 미치지 못하는 상황과 정부의 배당 장려 정책으로 배당주의 투자 매력이 더욱 높아졌다.

멀티에셋 펀드는 전 세계의 여러 자산에 분산투자하는데, 펀드 내 자산 배분 시에 수익성보다 안정성을 우선으로 한다. 주식, 채권 등의 전통적 투자자산뿐만 아니라 원자재, 부동산, 통화 등 다양한 대체 투자자산까지 글로벌하게 분산하여 투자하다 보니 수익률이 안정적일 수밖에 없다.

인컴 펀드는 일정 기간마다 수익 또는 이자를 챙길 수 있는 자산에 투자한다. 지속적으로 현금흐름이 발생하는 리츠, 고배당주, 고수익채권, 사회간접자본 등에 주로 투자한다. 꾸준한 현금흐름이 있다는 것은 변동성이 비교적 적다는 것을 의미한다. 멀티에셋 전략과 인컴 전략은 겹치는 부분이 많아 이를 동시에 구사하는 유형의 펀드도 어렵지 않게 찾아볼 수 있다.

롱숏 펀드 가입도 고려해볼 만하다. 이 펀드는 위에 설명한 펀드들과 차별화된 전략을 구사한다. 상대적으로 저평가된 주식을 매수하고 상대적으로 고평가된 주식을 매도하는 전략인데 절대수익을 추구하는 헤지 펀드에서 많이 활용한다. 매수와 매도의 상쇄 효과로 주식에 50% 이상 투자하더라도 주식 순편입 비중은 20~30% 정도로 낮다. 결과적으로 시황에 관계없이 꾸준한 수익을 거둘 수 있게 된다.

채권형 펀드는 선진국국채 펀드부터 하이일드채권 펀드까지 스펙트럼이 넓어 생각보다 활용도가 높다. 특히 주식시장이 하락기일 때 적절한 상품을 선택하면 안정적으로 쏠쏠한 수익을 얻을 수 있다. 최근 달러 강세로 한국 기업의 달러표시 우량채권에 투자하는 펀드가 연 10% 넘는 수익을 냈다. 기준금리 상승으로 인한 채권 가격 급락은 채권을 매수할 기회다. 게다가 채권을 직접 매매할 경우에는 액면금리에 과세되기 때문에 자연스럽게 절세가 된다. 이자율 4%짜리 예금은 세후 수익률이 3.4%로 떨어지지만, 액면금리 1%인 채권은 실제 수익이 4% 발생해도 세후 수익률은 3.85%나 된다.

만약 투자 리스크에 더욱 보수적인 투자자라면 이들 펀드에 적립식으로 가입하여 변동성을 더 낮출 수 있다. 금액 중 일부를 채권형 펀드에 나누어 투자하는 것도 변동성을 줄일 수 있는 방법이다. 조건이 된다면 ISA 또는 비과세 해외주식형 펀드를 이용하여 절세 수익까지 챙길 수 있다. 당연한 이야기지만, 이들 펀드에 투자하면 크게 실패할 가능성은 적지만 시황이 좋아도 큰 수익을 얻기 어렵다.

2020년에 일본 금융청이 "100세 시대 노후 자금으로 2억 원을 더 저축하라"라는 내용의 보고서를 발표했다가 연금 정책 실패의 책임을 국민한테 떠넘기는 게 아니냐는 비난을 거세게 받았다. 일본 노년층은 국민연금과 후생연금 등의 공적연금으로만 매달 약 230만 원을 탄다. 그런데도 연금 외에 2억 원을 더 마련해야 한다는 것이다.

기초연금과 국민연금으로 85만 원가량을 타는 한국의 노년층은 얼마나 더 준비해야 할까? 여러 상황을 토대로 예측해볼 때 국민연금은 최저생활비 정도를 얻는 수단이라고 생각해야 할 것 같다. 최저생활비를 국민연금에서 얻고, 나머지는 자본이득으로 얻을 수 있도록 각자 깊이 고민해야 한다.

PART 3

투자의 기술?
철학이 있는
투자가 승리한다

01

리스크가 없다면
인생 역전도 없다

　주식부터 비트코인까지 사내에 투자 붐이 불고 있다. 그런데 소심한 김 대리는 '투자' 하면 겁부터 난다. 그럴 만한 이유가 있다. 한국에서는 리스크를 '위험'이라고 번역한다. 리스크에는 '기회'라는 희망적 의미도 있는데 이것을 쏙 빼고 부정적인 면만 부각했다. 이런 오역이 투자는 위험한 것이니까 하지 말아야 한다는 잘못된 인식을 심었다. 투자가 도박과 같이 해서는 안 될 '위험한 일'로 전락한 것이다.

　투자란 한마디로 리스크를 안고 도전하는 것이다. 따라서 투자를 할 때 반드시 '리스크(risk)'를 이해해야 한다. 뱃사람들이 항해할 때 가장 두려워하는 것은 높은 파도나 거센 조류가 아니라 눈에 보이지 않는 수면 밑 암초라고 한다. 리스크는 이 암초를 뜻하는 그리스 어원을 가졌다.

그런데 중세 말에 유럽인들이 대항해시대를 열고 세계를 누비기 시작하면서 리스크라는 단어에는 다음과 같은 은유적 의미가 추가됐다. '대담하게 착수하다', '사업을 시작하다' 또는 '경제적 성공을 꿈꾸다'.

큰돈을 벌려면 미지의 바다를 항해해야 했는데 도중에 배가 암초에 부딪혀 좌초하면 모든 꿈이 물거품이 되고 말았다. 잘 모르는 뱃길을 따라 항해할 때 암초는 언제 어떻게 나타날지 모를 두려운 존재다. 하지만 그 두려움을 이겨야 큰 부자가 될 수 있다.

투자의 세계에는 "모두가 아는 리스크는 리스크가 아니다"라는 격언이 있다. 투자 리스크는 항해할 때 눈에 보이지 않는 암초와 같다. 리스크는 예상치 못한 때 예상치 못한 곳에서 불쑥 튀어나온다. 아이러니한 점은 리스크가 없으면 초과수익을 낼 기회가 사라진다는 것이다. 속속들이 잘 아는 가까운 바다를 들쑤시고 다녀봤자 남들보다 부유해질 수 없다. 리스크는 두려움을 느끼게 한다. 하지만 리스크가 없으면 희망도 없다.

리스크가 없으면 누구에게나 똑같은 수익률이 적용된다. 김

도표15 기대수익률과 투자 리스크의 관계

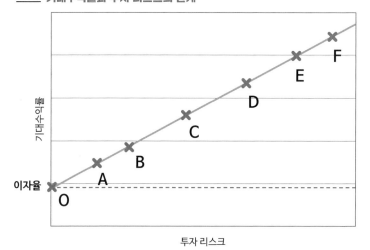

대리가 좋아하는 예금이 바로 그렇다. 장점은 가입하고 나서 수고할 필요가 없다는 점이고, 단점은 이자율이 지극히 낮다는 점이다. 수익률이 같으면 더 많은 수익을 갖기 위해 더 많은 원금을 넣어야 한다. 즉 수익의 크기가 보유 자금의 크기와 비례한다.

예금으로는 흙수저가 금수저를 이길 방법이 없다. '가붕개(가재, 붕어, 개구리)'는 용이 될 수 없다. 계층 상승의 사다리가 사라진 세상에 활력이 있을 리 없다. 리스크는 곧 역전의 기회이자 초과 수익의 원천이 된다. 리스크는 부자가 되고 싶은 자를 위해 신이 특별히 준비한 축복이다.

〈도표15〉의 황갈색 직선 위에 금융상품 O, A, B, C, D, E, F가

111

놓여 있다. 이 직선은 기대수익률과 투자 리스크가 비례함을 의미한다. 더 높은 수익률을 얻기 위해서는 투자 리스크를 더 많이 부담해야 한다.

김 대리는 리스크를 조금도 부담하기 싫어서 지금까지 금융상품 O를 선택해왔다. 리스크 없는 금융상품 O가 바로 예금이며 기대수익률은 이자율이다.

김 대리가 이자율보다 높은 수익률을 얻으려면 금융상품 A~F 중 하나를 골라야 한다. 물론 높은 수익률을 얻고자 하는 기대가 실제 수익률을 보장하는 것은 아니다. 큰 리스크를 견딜 수 없다면 A 쪽에 가까운 것을, 리스크를 감당할 용기가 있다면 F 쪽에 가까운 것을 선택해야 한다. 투자는 하나를 얻으려면 반드시 하나를 버려야 하는 철저한 트레이드오프(trade-off) 과정이다.

잃을 것이 많다고 생각하는 사람은 리스크를 싫어한다. 축구에서 전반을 3:0으로 앞선 팀이 후반에 적극적으로 공격에 나서지 않는 것과 같다. 부자가 답답해 보일 정도로 자산군을 세분화하여 투자하는 것도 이 때문이다. 큰 손실을 피하려는 심리가 강하다. 반면 지고 있는 팀은 승리하기 위해 전원이 공격에 나서는 극단적 작전까지 감행한다.

김 대리가 풍요로운 노후를 꿈꾼다면 도전해야 한다. 큰 자본을 들고 있는 사람이 투자할 때 유리한 것은 어느 정도 사실이다.

그러나 승부에 절대적 요인으로 작용하는 것은 아니다. 우리가 스포츠 경기를 보는 이유는 결과를 예측할 수 없기 때문일 것이다. 관중은 의외의 결과에서 짜릿함을 느낀다. 지고 있는 팀이 경기를 역전하려면 용기 있게 도전해야 하는 것처럼 부자가 되려면 리스크를 안을 줄 알아야 한다.

02
분산투자는
유일한 공짜 점심이다

기대수익률이 높은 금융상품은 누구에게나 매력적이다. 김 대리도 기대수익률이 높은 금융상품에 가입하고 싶은데 투자 리스크가 무서워 선택을 망설이고 있다. 얼마만큼의 수익률을 포기하고 얼마만큼의 투자 리스크를 질 것인가? 쉽지 않지만 타협점을 찾아야 한다.

그런데 김 대리는 재테크에 밝은 홍 차장으로부터 여러 종류의 금융상품에 분산하여 투자하면 기대수익률을 포기하지 않고도 투자 리스크를 떨어뜨리거나, 같은 수준의 투자 리스크를 부담하면서 기대수익률을 상승시키는 효과를 얻을 수 있다는 말을 듣게 됐다. 포트폴리오를 짜서 투자하면 한 가지에 몰아서 투자하는 것보다 훨씬 유리해진다는 것이다.

투자에서 분산이 중요하다는 사실은 오래전부터 경험적으로 알려져 있었지만, "달걀을 한 바구니에 담지 마라"라는 격언을 수학적으로 풀어내 이론으로 정립한 사람은 해리 마코위츠(Harry Markowitz)다. 마코위츠는 포트폴리오 선택 이론으로 1990년 노벨 경제학상을 받았다. 결론부터 말하자면 두 자산의 가격 변동 간에 상관성이 적을수록 분산투자의 효과는 커진다.

다음 쪽에 있는 〈도표16〉의 금융상품 A, B, C, D, E, F가 펀드이고 그중 하나를 선택한다고 가정해보자. 결정 과정에서 기대하는 수익률과 감수할 수 있는 리스크 수준 간에 트레이드오프를 한다. 황갈색 직선 위에서는 어떤 선택을 하더라도 투자 리스크를 더 감당하지 않고 기대수익률을 더 높일 방도는 없다. 그런데 검은색 곡선을 따르는 금융상품이 있다면 이야기가 완전히 달라진다.

실제로 두 펀드 B와 E에 분산해 투자하면 검은색 곡선을 따르는 금융상품을 만들 수 있다. 단, 분산투자 효과를 얻으려면 두 펀드 가격 간에 관계가 적을수록 좋다. 이 관계를 수치로 나타낸 것이 상관계수라는 것인데 -1~1 범위의 값이다. 어떤 자산이 다

도표16 분산투자의 효과

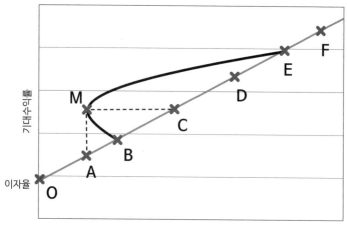

른 자산과 가격 변동 양상이 똑같으면 상관계수가 1이고, 가격 변동 그래프가 데칼코마니처럼 정반대로 움직인다면 −1이 된다.

　경험으로 볼 때 개별 자산 간에는 어느 정도 가격 연관성이 있는 것 같다. 서로 관련이 적을 것 같은 미국 IT 기업의 주가와 한국 석유화학 기업의 주가가 따로 놀지는 않는다. 주식과 채권은 음의 상관관계를 갖는다지만 반드시 그런 것은 아니다. 주식시장이 폭락하는데 원자재 가격이 홀로 치솟지 않는다.

　만약 두 펀드 B, E 간 상관계수가 1이라면 두 펀드에 분산투자하더라도 투자 리스크 대비 기대수익률은 황갈색 직선을 벗어나지 못한다. 분산 비율에 따라 B와 E를 잇는 선분 위를 움직일 뿐,

기대수익률을 높이는 만큼 투자 리스크가 비례하여 높아진다.

김 대리는 내심 기대수익률 높은 펀드 C에 가입하고 싶었지만 리스크가 겁나서 펀드 A를 선택하려고 결심했다. 그런데 휴게실에서 커피를 마시다 우연히 만난 홍 차장의 다음과 같은 설명을 듣고 바로 마음을 바꿨다. 두 펀드 간 상관계수가 1보다 작다면 검은색 곡선을 따르는 새로운 펀드를 만들 수 있다.

두 펀드 B, E에 특정 비율로 나눠 투자하는 M이라는 특정 포트폴리오를 만들었다고 가정하자. M은 펀드 A보다 유리하다. 리스크는 같아도 더 높은 수익률을 기대할 수 있기 때문이다. M은 펀드 C보다 더 유리하다. 기대할 수 있는 수익률은 같아도 더 낮은 리스크만 감당하면 되기 때문이다.

홍 차장의 설명을 들은 김 대리가 펀드 C와 같은 수익률을 기대할 수 있고 펀드 A와 리스크는 동등한 M 포트폴리오에 투자하기로 결정한 것은 당연한 결과다. 분산투자를 하면 트레이드오프를 하지 않아도 된다. 투자에서 분산이 유일한 공짜 점심이라고까지 말하는 이유가 있다.

한 종목의 주식을 집중적으로 매수하는 투자법은 기대수익률이 높을지 모르지만 리스크가 대단히 크다. 주식형 펀드는 수십 개 기업의 주식을 편입하기 때문에 자체적으로 분산투자가 되어 있다. 리스크를 낮추면서 상대적으로 기대수익률에서 크게 손해를 보지 않는다. 그런데 한 펀드에 올인하지 않고 여러 종류의 펀드에 또 한 번 분산함으로써 더 효과적인 투자를 할 수 있다. 김 대리는 홍 차장의 설명을 통해 분산투자가 왜 중요한지 비로소 깨달았다.

03

효율 높은
투자상품 선별법

좋은 금융상품은 어떤 것일까? 투자자마다 의견이 엇갈린다. 박 과장은 기대수익률이 높은 상품이 최고라 하고, 장 과장은 투자 리스크가 낮은 상품이 낫다고 우긴다. 한참을 논쟁해도 결론은 나지 않는다. 주관적 의견 말고 금융상품의 우열을 따질 객관적 기준이 있다면 선택은 한결 쉬울 것이다.

윌리엄 샤프(William Sharpe)는 동일한 리스크에 대하여 더 높은 수익률을 기대할 수 있는 것을 좋은 금융상품으로 봤다. 그가 개발한 샤프지수는 수익률을 리스크로 나눈 수치다. 샤프지수가 높을수록 더 우수한 금융상품으로 판단한다. 리스크는 일정 기간 동안 측정한 수익률의 표준편차이며 리스크가 높다는 것은 변동성이 크다는 뜻이다.

작년 초에 박 과장과 장 과장, 두 사람이 각각 가입한 펀드는 결과적으로 10%로 똑같은 수익률을 냈다. 하지만 투자 기간에 리스크 5%를 부담했던 장 과장에 비해 리스크 10%를 부담했던 박 과장은 마음이 더 불안했다. 같은 길을 가더라도 안락한 승용차를 타고 가는 것보다 덜컹거리는 화물 트럭을 타고 가는 것이 훨씬 피곤한 것과 같다.

더 고생하고 같은 결과를 얻으면 억울하다. 박 과장은 적어도 마음고생을 보상받을 만큼의 수익률을 내야 본전이라 생각한다. 샤프지수는 박 과장이 20%의 수익률을 냈어야 장 과장과 동등한 보람을 느낀다는 것을 가리킨다.

이처럼 샤프지수는 금융상품의 효율성을 객관적으로 비교할 수 있게 한다. 〈도표17〉의 펀드 A, B, C, D, E, F는 황갈색 직선 위에 있다. 기대수익률과 투자 리스크가 비례한다. 펀드 선택은 전적으로 투자자의 주관적 성향에 달려 있다. 이때 펀드 A를 선택한 장 과장과 펀드 C를 선택한 박 과장 중 누가 옳은 선택을 했는지 판단할 수 없다.

반면 두 펀드 B, E를 특정 비율로 섞어 만든 새로운 펀드 M0

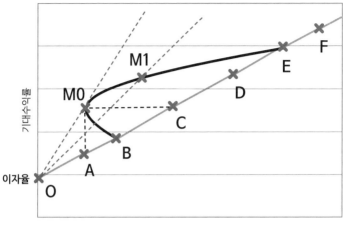

도표17 샤프지수로 판단하는 포트폴리오의 효율성

기대수익률

이자율

O

A

B

M0

C

M1

D

E

F

투자 리스크

에 투자한다면 단일 펀드 A 또는 C에 투자하는 것보다 확실히 유리하다고 말할 수 있다. 펀드 A와 리스크는 같아도 더 높은 수익률을 기대할 수 있다. 펀드 C와 기대수익률은 같지만 더 낮은 리스크를 감당해도 된다. 박 과장과 장 과장이 이런 사실을 알았더라면 당연히 펀드 M0를 선택했을 것이다.

재테크 지식이 풍부한 홍 차장은 M1이라는 포트폴리오를 만들어 투자하고 있다. M1과 펀드 B 또는 D에 투자하는 것 중 어느 쪽이 더 나은지 따질 때는 조금 애매하다. M1과 M0를 비교할 때도 마찬가지다.

이럴 때 샤프지수는 객관적으로 판단할 수 있는 기준이 된다.

O에서부터 시작하는 황갈색 점선의 기울기가 바로 샤프지수다. 즉 샤프지수는 동등한 투자 리스크를 안았을 때 얻는 수익률을 의미한다. 점선의 기울기가 급할수록 샤프지수가 크고, 효율적인 투자가 된다.

이 그래프에서 펀드 A, B, C, D, E, F는 모두 황갈색 직선 위에 있다. M1을 지나는 황갈색 점선의 기울기는 황갈색 직선보다 가파르다. M1이 황갈색 직선 위의 어떤 펀드보다도 유리하다는 사실이 입증된다. M0는 M1보다 기울기가 더 가파르다. 샤프지수가 클수록 더 효율적인 금융상품이라고 판단할 수 있으므로, 홍차장이 M1이 아니라 M0 포트폴리오를 선택했다면 더 좋았을 것이다.

상관관계가 적은 두 펀드 B, E를 특정 비율로 나누어 투자하는 포트폴리오의 기대수익률과 리스크의 관계는 검은색 곡선으로 표시된다. 그럼 이 곡선상에 존재하는 모든 포트폴리오 중에서 가장 우수한 것은 어떤 것일까? O에서 시작하여 검은색 곡선과 만나는 직선을 그어보면 알 수 있다. 수많은 직선 중에서 가장 가파른 것을 찾으면 된다. 검은색 곡선 위에서는 M0를 지나는 점선보다 더 가파른 것이 나올 수 없다. 따라서 M0가 펀드 B와 E에 배분하여 투자한 포트폴리오 중에서는 가장 효율적이라고 판단할 수 있는 것이다.

증권사에 계좌를 개설해 다양한 금융투자상품으로 포트폴리오를 짜면 수익률뿐만 아니라 투자 효율성과 분산투자 정도까지 평가해주는 온라인 서비스를 제공한다. 고수익추구형, 중수익추구형, 안정추구형 등 투자자의 성향에 따라 모델 포트폴리오도 추천해준다. 금융상품의 수수료를 내는 이유는 이런 서비스를 받기 위해서다. 금융회사가 제공하는 다양한 도구를 적절히 활용할 줄 아는 똑똑한 투자자가 되기를 바란다.

04

대출을 쓰면 절대 장기투자를 할 수 없다

　투자에 성공하려면 장기투자를 해야 한다는 말을 귀에 못이 박히도록 들었지만 정작 실천하는 사람은 많지 않은 것 같다. 장기투자를 하려면 의지 하나만으로는 부족하다. 오래 묵힐 수 있는 돈으로 해야 한다. 만약 한 달 후 전세금으로 내야 할 돈을 투자했다면 단기적으로 큰 폭의 하락이 생길 때 마음이 대단히 불편할 것이다. 조만간 다시 오를 것이라는 강한 확신이 있어도 기다리기 어렵다.

　투자를 할 때는 장기적으로 묶어둘 수 있는 자금으로 해야 한다. 오래 묵힐 수 없는 자금으로 투자를 한다는 것은 투자 대상이 당장 오를 거라는 기대를 하는 것이다. 이 기대가 무너지면 투자자는 버틸 힘을 잃는다. 심리적으로 무너지면 투자는 성공할 수 없다.

또 장기투자를 하려면 반드시 비용이 덜 드는 구조를 만들어야 한다. 대출을 낀 투자는 이자라는 지속적 비용이 투입되기 때문에 장기간 버티기가 어렵다. 이자를 또 다른 대출로 막는다면 이자는 복리로 눈덩이처럼 불어날 것이다. 수익이 나더라도 대부분 비용으로 상쇄되거나 오히려 손실을 본다. 투자 기간이 길수록 더욱 그럴 것이다.

요즘 주가지수를 추종하는 패시브 펀드인 ETF가 투자자의 사랑을 받고 있다. 주식시장에 상장되어 있어 실시간 매매가 가능하고 환매 기간이 짧아 호응을 얻은 것 같다. 더 근본적으로 보면, 적극적 운용에 따른 초과수익을 장점으로 내세우는 액티브 펀드가 패시브 펀드를 능가하는 성적을 보여주지 못한 것에 대한 반작용일 수도 있다.

특히 눈에 띄는 점은 코로나19 팬데믹 발생 이후에 주식시장의 변동성이 커지면서 레버리지ETF나 인버스ETF를 선택하는 투자자가 늘고 있다는 사실이다. 레버리지가 두 배인 ETF에 가입했다면 지수가 오를 때는 상승폭의 두 배에 해당하는 수익을 얻게 되지만, 지수가 떨어질 때는 그 두 배의 손실을 본다. 인버스ETF는 지수를 거꾸로 추종한다.

이런 종류의 ETF는 대출을 낀 투자로 볼 수 있다. 주식시장이 원하는 대로 강한 상승세를 보인다면 지수 변동폭의 두 배를 따르는 레버리지ETF에 가입한 투자자는 마음속으로 쾌재를 부를 것이다. 그러나 이처럼 단기로 수익을 내려는 투자가 과연 바람직한 것인지 한 번쯤 짚고 넘어가야 한다.

박스권과 같이 주가가 오르내리기를 반복하며 제자리걸음을 할 때 레버리지ETF나 인버스ETF는 손실이 생긴다는 사실을 모르는 투자자가 많다. 예를 들어 주가지수가 1000에서 시작해 1200으로 올랐다가 다시 1000으로 떨어지는 양상의 박스권 장세를 가정해보자.

〈도표18〉과 같이 주가지수가 1000에서 1200으로 오르면 20% 상승한 것이고 1200에서 1000으로 떨어지면 17% 떨어진 것이다. 20% 올랐다가 17% 떨어지기를 두 번 반복하면 주가지수를 그대로 추종하는 인덱스ETF 가입자는 본전이다. 반면 레버리지ETF 가입자는 같은 기간에 13%의 손실을 본다. 인버스×2ETF 가입자는 똑같은 상황에서 무려 36%의 손실을 보게 된다.

박스권에서 장기로 묶여 있을 때 레버리지ETF나 인버스ETF가 점점 쪼그라드는 느낌은 실제로 일어나는 현상임을 알 수 있

도표18 **주가지수가 제자리에서 등락을 반복할 때 ETF별 평가액의 추이**

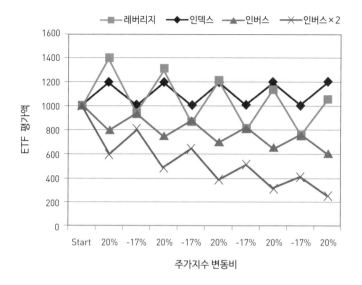

다. 이른바 침식 효과인데 손실의 정도는 레버리지 배율이 높을수록, 지수 변동폭이 클수록, 등락의 반복 횟수가 늘어날수록 더 커진다.

실제로 인덱스ETF를 사고 이를 담보로 대출을 받아 투자할 때도 레버리지ETF와 유사한 난관에 봉착한다. 이자는 수익이 나든 손실이 나든 계속 빠져나가는 돈이기 때문이다. 물론 이자 비용에 점점 부담을 느끼게 돼서 장기로 투자하는 것 자체가 힘들다.

레버리지ETF의 높은 보수는 장기투자를 방해한다. 보수가

127

높은 이유는 지렛대효과를 일으키기 위해 파생상품을 활용하기 때문이다. 한 증권사의 ETF 보수를 비교해보면 인덱스ETF는 0.150%인 데 비해 레버리지ETF는 0.640%로 네 배 이상 높다. 지수를 거꾸로 추종하는 인버스ETF의 보수도 레버리지ETF와 비슷하여 투자 비용이 네 배 이상 더 든다.

기대한 방향으로 주가가 움직일 때는 비용이 중요해 보이지 않을 수 있지만, 주식시장이 항상 마음대로 되는 것은 아니며 고비용의 투자는 장기적으로 성공하기 어렵다. 인버스ETF나 레버리지ETF와 같이 파생상품ETF는 특수한 상황에서 단기적이고 제한적으로 활용해야 한다는 말은 바로 이런 이유로 나온 것이다. 레버리지를 쓴다는 것은 분산투자와는 거리가 멀다. 대출까지 받아서 올인하는 투자에 가깝기 때문에 정말 주의해야 한다. 금융상품의 구조와 원리를 잘 이해하는 것이 성공 투자로 가는 지름길이다.

05

빛을 내는 순간
노예가 된다

자산관리 또는 재테크라는 용어를 자칫 잘못 이해하면 남부럽지 않게 소비하면서 재산은 더 빨리 불리겠다는 아전인수식 해석을 하게 된다. 신기루 같은 묘책을 찾으려 많은 시간과 돈을 소모할 테지만 그 과정에서 돈의 속성에 대한 깨달음이라도 얻는다면 그나마 다행한 일이다. 노력 없는 보상은 결코 흔하게 얻을 수 있는 것이 아니다. 빠르고 손쉽게 큰돈을 모을 수 있다는 헛된 유혹에 빠지지 않도록 조심할 것을 당부하고 싶다.

자산관리에는 비법이 있고 부자는 그것을 터득한 사람이라고 믿는 이들을 자주 보곤 한다. 그러나 비법은 의외로 간단할지 모른다. 부자를 만나보면 대개 참을성이 매우 강하다. 이런 인내심을 바탕으로 살아왔으니 재산을 낭비하지 않았을 것이고 자기 분야에서도 성공해 큰 재산을 모은 것 같다는 추측을 한다. 한때 "로또 외에는 방법이 없다"라는 자조적 구호가 유행했다. 그 앞에 문구를 하나 추가하고 싶다. "적게 벌면서 넉넉히 쓰고 부자가 되는 방법은 로또 외에 없다."

절약이야말로 부자가 되기 위한 효과 만점의 자산관리 전략이다. 별로 인기 없는 주장이지만 명확한 사실이다. 요즘 최저임금이 많이 상승하여 이제 월급 200만 원 받기가 그리 어려운 일은 아닐 것이다. 만약 그 절반인 100만 원으로 매월 연 5%의 수익률을 낼 수만 있다면 40년 후 약 14억 9,000만 원이 된다. 이대로 실천하는 데 엄청난 의지가 필요하다는 점이 문제일 뿐이다.

사실 모든 사람이 부자가 되는 것을 인생의 목표로 삼는 것도 아니다. 돈이 인생을 즐기기 위해 필요한 수단일 뿐이라는 생각을 가졌다면 부자 되기를 포기하면 된다. 하지만 돈을 모으지는 못하더라도, 가급적 대출을 피하고 어쩔 수 없이 받았다면 가급적 빠른 시일 내에 상환하는 것이 좋다.

따지고 보면 세상에 대출만큼 억울한 것도 드물다. 이유 없이 빚을 낼 리는 없지만 빚을 진다는 것은 누군가의 노예가 된다는 뜻이다. 보람 없이 평생 이자를 꼬박꼬박 바칠 뿐 한번 진 빚에서 영원히 벗어나지 못하는 경우가 많다.

김 차장은 전세 자금을 마련하느라 은행에서 연 4%의 이율로 3억 빚을 얻었다. 만기일시상환 방식으로 갚기로 하여 매달 이자로 100만 원씩 낸다. 원금을 조금씩이라도 같이 갚으면 좋으련만 이자를 갚기에도 허리가 휠 정도니 언감생심이다. 이렇게 힘들게 이자 납부를 25년 동안 한 후 대출 만기가 되면 김 차장은 원금을 한꺼번에 갚아야 한다. 머릿속에 떠올리기만 해도 지긋지긋한 이자 부담에서 과연 김 차장이 벗어날 수 있을까?

상식적으로 생각해볼 때 대출 만기일에 원금 1억을 턱 하니 갚을 수 있는 사람이 이자를 수십 년 동안 낼 리는 없다. 결국 김 차장은 대출 만기일이 닥치면 원금을 갚기 위해 또 다른 대출을 받아야 하는 악순환에서 벗어나지 못할 가능성이 매우 크다. 어쩌면 평생 빚에서 벗어나지 못하고 피땀 흘려 번 돈 중 100만 원을 매달 꼬박꼬박 아무 가치 없는 이자로 날려야 할지도 모른다. 평생 사랑으로 키워주신 부모님에게 용돈으로 드리기도 쉽지 않은 금액인 월 100만 원을 생면부지의 은행원에게 월급으로 바치는 셈이다.

그 월 100만 원을 25년간 연 4%의 수익률로 투자한다면 약 5억 1,500만 원이 된다. 이 엄청난 금액이 김 차장이 3억 원을 25년간 빌리기 위해 지불한 기회비용이다. 다시 말해 김 차장이 당장 필요한 목돈 3억 원을 25년간 빌려 쓰는 대가가 잃어버린 기회인 5억 1,500만 원이라고 봐야 한다. 게다가 원금을 갚기 전까지 그 기회 비용은 계속해서 불어날 것이다.

부동산 투자는 과연 백전백승일까

집은 투자의 대상인가? 어떤 사람은 집은 그저 살기 위한 처소일 뿐이라고 주장하기도 한다. 그러나 현실을 들여다보면 우리나라 국민 대부분은 거의 모든 자산을 부동산으로 보유하고 있다. 집은 워낙 고액의 자산이라 영혼까지 끌어모아 빚을 얻어서 사는 경우가 허다하다. 엄청나게 대담한 몰빵 투자다. 은퇴할 무렵이 되면 대개 집 한 채만 달랑 남는다. 이렇듯 온 재산을 걸었는데 주택 가격의 등락에 초연하다고 말하는 것을 곧이곧대로 믿어야 할지 의문이 든다.

기회만 있으면 집부터 사려고 하는 심리를 보면 대부분의 국민이 집값 상승에 베팅하고 있는 것처럼 여겨진다. 당연히 집은 훌륭한 투자 대상이다. 다만 부동산은 매매가 빈번하지 않고 거액의 투자금이 필요해 대체로 대출을 끼고서 거래가 된다. 특히 우리나라에서는 부동산 투자에 대한 법적 규제가 많고 세금 등 비용도 상당히 많이 든다는 특징이 있다.

한국에는 부동산에 투자하기만 하면 힘들이지 않고 수익을 낼 수 있다고 생각하는 사람이 많은 것 같다. 불로소득으로 여기는 것이다. 진정 그렇게 믿는다면 아무리 큰 빚을 지더라도 무조건 투자해야 한다. 그렇지 않다면 다른 자산에 투자할 때와 마찬가지로, 내 집을 살 때 기회비용과 기대수익 간 손익을 따져 투자할 만한지 면밀히 계산해 접근해야 한다.

예상이 맞고 틀리고를 떠나 모든 투자는 계산을 해본 후 실행을 결정해야 한다. 투자는 수익이 더 많이 생길 것으로 기대되는 쪽을 선택하는 과정이기 때문이다.

한창 신혼 생활을 즐기고 있는 한 대리는 보유 자금 3억 원에다가 은행에서 연 4%의 이율로 3억 원의 빚을 얻어 20평형 아파트를 샀다. 현재 급여 수준을 생각하면 다소 무리였지만 이른바 '영끌' 투자를 한 것이다. 대출금은 원리금균등상환 방식으로 매달 158만 원씩 갚기로 했다. 상환 기간은 25년이나 되는데 이 기간에 낼 이자만 따져봐도 무려 1억 7,500만 원에 이른다. 3억 원인 대출 원금의 반 이상을 이자로 내는 셈이다.

만약 한 대리가 원리금 상환을 위해 내야 하는 월 158만 원을 25년간 연 4%의 수익률로 투자한다면 약 8억 1,500만 원이 된다. 이것이 월 158만 원이 가진 기회비용이다. 내 돈 3억 원이 아파트에 묶여 있는 동안의 기회비용도 가정해 계산할 수 있다. 3억 원을 연 4%의 수익률로 25년간 투자하면 약 8억 1,400만 원이 된다.

한편 한 대리의 회사 동기이자 서로 처지가 비슷해 절친으로 지내는 백 대리는 같은 시기에 보유 자금 3억 원 중 1억 원으로 변두리 소형 빌라를 전세로 얻었다. 남은 자금 2억 원으로는 펀드에 투자했는데 25년 동안 연평균 4%의 수익률을 내서 5억 3,200만 원의 목돈이 될 것으로 기대한다. 그 외에도 백 대리는 생활이 빠듯한 가운데서 매달 158만 원을 적립식 펀드에 넣을 예정이다. 연평균 4%의 수익률을 낸다면 25년 후 8억 1,500만 원이 될 것이다. 훗날 임대차 계약이 종료되면 전세보증금 1억 원은 백 대리의 자산이 될 것이다.

한 대리와 백 대리는 서로 비슷한 처지로 사회생활을 시작했지만 25년 후 한 대리는 아파트 한 채를 남길 것이고, 백 대리는 현금 14억 4,700만 원을 보유하게 된다. 이 두 사람 중 누가 더 큰 이익을 봤는지 따져보면 객관적으로 투자의 승패를 가릴 수 있을 것이다.

재무적 평가에 국한하여 평가한다면 한 대리가 대출까지 얻어 6억에 매수한 아파트의 매매가격이 25년간 8억 4,700만 원 올라 14억 4,700만 원 이상은 되어야 승자가 된다고 볼 수 있다. 25년 동안 연평균 주택 가격 상승률이 3.6%는 되어야 한다는 이야기다.

한국부동산원의 통계에 따르면 서울 아파트의 가격 상승률은 2004년 3월부터 2023년 3월까지 19년간 연평균 3.1%였다. 앞으로도 아파트값이 이 정도의 상승률을 보인다고 가정하면 한 대리가 보유한 아파트는 25년 후 약 13억 100만 원이 될 것이다. 시세 차익이 7억 100만 원에 그친다.

이 계산 결과만 놓고 본다면 투자의 승자는 백 대리다. 하지만 투자는 과거를 보는 것이 아니라 미래를 보고 한다. 향후 아파트 값 상승률이 연평균 3.6%를 초과한다면 승패는 뒤바뀔 것이다. 과거 사례가 앞으로도 반복될 것인지 아닐지를 잘 따져 스스로의 판단에 따라 투자 결정을 내리면 된다.

실제로 부동산 투자의 손익에 영향을 주는 변수가 여기저기 지뢰처럼 파묻혀 있다. 25년 동안 한 대리가 낼 재산세와 취득세, 등록세, 앞으로 매매할 때 내야 할 양도소득세를 수익에서 빼야 한다. 이외에도 정년 이후에 지역가입자로서 납부해야 할 국민건강보험료도 따져봐야 한다. 오랫동안 한 대리가 누릴 것으로 기대되는 안락한 주거 환경, 통근 시간 절약, 편의시설 접근성 등 비재무적 요소는 긍정적인 요소다.

07

부자를 따라
투자하지 말라

대학 동창 중에서 가장 돈을 많이 벌었다고 알려진 권 사장이 1억 원을 암호화폐 ○○코인에 투자해서 원금의 3배나 되는 큰 돈을 벌었다고 한다. 이 소식을 듣고 부러움을 견디지 못한 친구 강 차장은 오랫동안 적금으로 모은 돈 2,000만 원을 □□코인에 덜컥 투자했다. 처음 얼마 동안은 생각한 대로 □□코인의 가격이 상승하며 콧바람이 절로 나왔는데 단 며칠간의 폭락에 원금마저 손실이 발생했다.

약이 잔뜩 오른 강 차장은 1,000만 원을 은행에서 대출받아 추가로 투자를 하게 된다. 이런 과정을 몇 번 되풀이하고 나니 결과는 더 처참했다. 1억 원에 가까운 돈을 투자해서 절반도 건지지 못했으니 말이다. 결국 강 차장은 더 이상 대출도 받을 수 없는 지경에 이르고 나서야 코인 투자를 포기했다.

권 사장에게 1억 원이란 보유 자산의 1%에 불과한 작은 금액이다. 그러니 크게 신경 쓰지 않고 마음 편히 투자할 수 있다. 코인은 워낙 가격 변동이 심한 자산이므로 자주 들여다보면 마음이 흔들리기 마련인데 오히려 잊어버리고 있었던 덕분에 운 좋게 몇 배로 불어날 기회를 잡았을 것이다. 원금 1억 원을 모두 잃는 최악의 일이 생겼더라도 권 사장은 크게 집착하지 않고 쉽게 포기할 수 있는 정도였던 것이다. 이런 마음 자세를 갖고 있다면 손실이 생겼다고 추가로 투자하는 일은 벌어지지 않을 것이다. 사실 권 사장은 주식시장의 호황기에 이미 엄청난 수익을 냈기 때문에 ○○코인 투자에서 손실을 봤어도 크게 신경 쓰지 않았을 것이다.

그런데 강 차장에게는 사실 2,000만 원도 상당히 큰 액수다. 현재 가진 자산은 전세보증금까지 탈탈 긁어봐야 4억 원밖에 안 되니 2,000만 원은 전 재산의 5%에 해당한다. 만약 잃게 되면 몇 달간 밤잠을 이루지 못할 만한 액수다. 투자 결정을 할 때도 아내에게 이야기조차 꺼내지 못했다. 분명히 반대할 것이 뻔했기 때문이다. 이런 큰돈은 작은 돈을 대할 때와 심리부터 달라진다.

처음부터 □ □ 코인의 가격이 떨어졌다면 오히려 강 차장이 손절을 하기 쉬웠을지도 모른다. 비록 실현하지 못했으나 일시적으로 수익이 난 것을 목격했던 강 차장은 코인 가격이 폭락할 때마다 본전 생각이 났을 것이다. 그래서 가격이 하락한 코인을 더 사들이는 이른바 물타기를 했고, 그 결과 무리하게 더 많은 액수의 코인을 보유하게 되는 악순환을 겪었다. 물타기 투자는 적립식 투자와 원리는 같지만 대출을 받아서 한다면 유지하기 힘들다.

내 능력 이상의 돈을 가지고 장기로 적립식 투자를 할 방법은 없다. 큰돈이 들어가면 아무리 인내심이 강하고 강심장인 투자자라도 노심초사하게 되고 올바로 판단하지 못한다. 이처럼 긴 호흡으로 멀리 보지 못하는 투자는 실패로 끝나기 쉽다.

작은 돈과 큰돈을 투자할 때의 심리는 아주 다르다. 푼돈으로는 100%가 넘는 고수익을 노려볼 수 있다. 잃어도 된다는 생각으로 아무리 높은 리스크에도 대범할 수 있기 때문이다. 그래서 이런 작은 성공이 오히려 대단히 위험하다. 나의 전 재산을 걸고 투자하면서 초고리스크를 감당할 만큼 강심장을 가진 사람은 단언컨대 그다지 많지 않을 것이다.

이런 이유로 높은 수익률은 투자금이 작을 때 발생하는 것 같다. 투자금이 커지면 커질수록 리스크에 대한 두려움도 비례해 커지므로 과감한 투자를 하기 어렵다. 누가 조언해주지 않아도 스스로 분산투자를 하게 된다. 실제로 자산가들의 포트폴리오가 훨씬 섬세하게 리스크에 대비하고 있는 것을 볼 수 있다.

투자할 때 절대로 부자 친구를 그대로 따라 하지 말자. 테슬라 CEO인 일론 머스크(Elon Musk)가 ○○코인에 투자했다고 SNS를 통해 알리자 그 암호화폐 가격이 급등한 일이 있었다. 매우 염려되는 현상이 아닐 수 없다.

08

톱다운(Top-down)이냐,
보텀업(Bottom-up)이냐

투자자는 경기의 흐름을 살피는 거시적 안목으로 투자하느냐, 개별 기업을 철저히 분석함으로써 우량 종목을 선별해 투자하느냐에 따라 두 유형으로 나뉜다. 전자를 톱다운(Top-down) 방식, 후자를 보텀업(Bottom-up) 방식이라 부른다.

톱다운 방식의 대표적인 투자자로는 경기순환 주기에 따른 투자 전략을 달걀 모형으로 설명하여 널리 알려진 거물 투자자 앙드레 코스톨라니(André Kostolany)를 들 수 있다. 보텀업 방식의 대표적인 투자자로는 10년 이상 보유할 주식이 아니면 단 10분도 들고 있지 말라고 주장한 가치투자의 살아 있는 전설 워런 버핏(Warren Buffett)을 들 수 있겠다.

각 투자 방식의 합리성을 입증한 대가가 양쪽 모두에서 다수 나왔기 때문에 어느 쪽이 더 낫다고 단정할 수 없지만, 투자에만 전념할 수 없는 일반투자자라면 톱다운 방식의 투자가 낫지 않을까 싶다. 가장 큰 이유로, 일반투자자는 시간과 전문성 다 부족하다는 점을 들 수 있다. 개별 기업을 분석하려면 재무제표를 들여다본다든지, 직접 사업장을 찾아가 묻고 살피는 탐방을 해야 한다. 이것도 결코 쉽지 않은 일인데, 심지어 내가 투자하는 회사가 벌이는 사업에 대해 전문적인 이해가 필요한 경우도 많다.

예를 들어 일본이 반도체 제조에 필요한 핵심 소재의 수출을 규제한 이후 삼성전자, SK하이닉스, LG디스플레이 등의 개별 종목 투자를 결정해야 하는 입장이라고 가정해보자. 투자자라면 규제 대상이 된 고순도 불화수소, 플루오린 폴리이미드, 포토레지스트와 같은 대단히 복잡한 이름의 화학물질이 어느 공정에 쓰이며 대체 가능한 것인지 판단할 줄 알아야 한다.

이런 기술적 부분을 이해하고 있는지 여부에 따라 투자자의 결정은 아주 달라질 가능성이 크다. 이 소재들이 단시일에 개발될 수 있다고 여긴다면 대체 소재의 개발과 공정 적용 시기에 주목하겠지만, 그렇지 않다고 판단한다면 한국과 일본의 외교적 입장 변화를 유심히 관찰하면서 투자를 결정하게 될 것이다.

　일반투자자는 대부분 이런 전문성을 갖추지 못한 것이 사실이다. 보텀업 방식으로 투자하기가 쉽지 않은 이유다.

　그러면 자금, 전문성, 시간이 모두 부족한 일반투자자는 전문투자자를 절대로 능가할 수 없을까? 주변에서 펀드매니저보다 세상을 보는 안목이 훨씬 더 깊고 넓은 분들을 흔하게 만난다. 이런 분들에게는 톱다운 방식의 투자가 적격인데 그 식견을 투자에 활용하지 못한다는 점이 안타까울 뿐이다.

　톱다운 방식은 전문성을 비교적 덜 요구하지만 개별 기업의 리스크를 놓칠 우려가 있다. 경기의 큰 흐름을 제대로 짚어도 기업의 실상을 제대로 파악하지 못하고 투자했다가 손실을 볼 수도 있다는 뜻이다. 그래서 톱다운 방식으로 투자를 할 때는 누군가 보텀업으로 꼼꼼히 기업을 분석하는 수고를 대신해주면 상호 보완이 된다. 간접투자인 펀드가 바로 그 해법이 될 수 있다.

09

투자 성공은 운이 아니라 철학에 달렸다

　예측이 잘 들어맞는다면 투자는 마냥 즐겁기만 할 것이다. 실제로 기술적 분석 지지자는 추세나 거래량 등 과거 데이터를 분석하면 주가를 예측할 수 있다고 믿는다. 주가는 오직 수요와 공급에 의해서만 결정되며 주가 차트는 패턴을 반복하는 경향이 있다고 가정한다. 따라서 차트가 주는 신호에 따라 주식을 매매하면 수익을 낼 수 있다고 생각한다. 안타깝게도 상당히 신뢰할 만한 데이터를 근거로 예측하더라도 투자자의 생각대로 되지 않는 경우가 대부분이다.

한편 기본적 분석 지지자는 주가는 장기적으로 기업이 갖는 본질적 가치에 수렴한다고 믿는다. 따라서 재무제표 분석을 통해 내재가치를 따져서 적정 주가를 산정하는 데 초점을 맞춘다. 이를 시장에서 형성되는 실제 주가와 비교해 주식을 매매한다. 개별 기업을 철저히 분석함으로써 우량 종목을 선별해 투자하는 보텀업 방식에 가깝다. 시황에 관계없이 좋은 기업의 주식을 사두면 언젠가 제값을 받을 수 있다고 여기는 것이다.

예측을 하는 것이 아예 불가능하다고 믿는 투자자도 있다. 예측에 근거하지 않는 대표적 투자 전략으로 포트폴리오 투자법이 있다. 타이밍을 잡아서 매매하는 것이 아니라 미리 정한 주기마다 흐트러진 자산 비율을 초깃값으로 되돌리는 방식이다. 포트폴리오 투자법은 비교적 단순한 전략이지만 상당히 효과적이고 합리적이다. 대박을 기대하기보다는 착실히 수익을 얻는 것을 목표로 하기 때문에 인출기에 적당한 투자 방법이다.

이 전략은 투자하는 기간에 발생하는 수많은 유혹을 물리치고 처음 정해놓은 주기와 비중을 지키며 냉정히 실행하는 것이 중요하다. 재조정 주기를 길게 잡을수록 고수익·고리스크를, 반대로 짧게 잡을수록 저수익·저리스크를 추구하게 된다. 재조정 주기를 늘릴수록 장기투자에 가까워진다.

어떻게 보면 포트폴리오 투자 전략은 장기투자 전략과 이론적으로 대척점에 있다. 장기투자자는 저평가된 자산에 투자하여 소소한 가격 등락에 연연하지 않는다. 오랜 세월 묵묵히 기다리는 것이 잦은 매매를 하는 것보다 높은 수익을 낼 수 있다고 생각한다. 자산의 가격 추이가 장기적으로 우상향한다면 장기투자 이론은 맞아떨어진다. 반면 포토폴리오 투자는 가격이 끝없이 오를 수도 없고, 그렇다고 끝없이 떨어지지도 않는다는 철학에 기반한다.

분산투자의 효용성에 동의한다 하더라도 분산 정도에 대해서는 의견이 엇갈릴 수 있다. 과도한 분산으로는 초과수익을 낼 수 없으니 잘 아는 종목 몇 가지에 집중투자를 하는 편이 낫다고 생각할 수도 있다.

이처럼 다양한 투자 전략은 투자자의 철학에 영향을 받아 탄생한다. 어떤 투자 전략이 미래에 더 나은 결과를 얻을 것인지 논쟁하는 것은 무의미하다. 다만 투자자의 심리가 투자 성패에 큰 영향을 준다는 데 동의한다면 투자자 본인의 성향에 부합하는 전략을 선택하는 것이 좋다.

워런 버핏은 대표적인 집중투자자지만, 일반투자자는 집중투자를 하는 것보다 주가지수에 연동하는 인덱스 펀드에 투자하는 것이 합리적이라고 말한다. 능력이 된다면 집중투자가, 그렇지 않다면 분산투자가 낫다는 이야기다. 시장의 분위기에 따라 투자 전략을 바꾸는 것도 생각해볼 만하다. 자산 시장이 상승세를 탈 때는 집중투자와 장기투자의 성과가 좋을 확률이 높다.

그런데 최근 자산 시장이 하락세에 접어들면서 장기투자에 대한 투자자들의 신뢰가 점점 흔들리고 있는 것 같다. 한번 얻은 수익을 지키고 싶은 것이 투자자의 솔직한 심정이다. 기껏 얻은 수익이 손실로 바뀌었을 때 투자자가 느끼는 절망감은 무엇보다 클 것이다. 이렇게 본다면 포트폴리오 투자법이 유행할 만한 분위기가 조성된 것이 아닐까 하는 생각이 든다.

PART 4

오해와 진실?
제대로 알고 하는
투자가 이긴다

01

장기투자에 대한 오해와 진실

평생 예금만 하고 살아온 46세 김 차장은 과거를 떠올릴 때마다 분통이 터진다. 지금 돌아보면 그토록 당연한 투자 결정을 왜 그때 내리지 못했는지 생각할수록 아쉽다. 최근 들어 주변에서 돈을 번 동료가 늘어나니까 더욱 속이 쓰리다. 그러나 지금 당장 투자를 할지 말지 결정하려고 보면 여전히 세상에 이처럼 어려운 일이 없다. 가끔 투자 수익을 불로소득이라고 비하하는 사람들이 있는데, 불확실한 미래를 놓고 수많은 고민 끝에 피 같은 내 돈을 건 대가임을 전혀 모르고 하는 소리다.

주식시장의 거침없는 상승세가 주춤해지면 투자자들은 대부분 마음이 조급해진다. 장기투자가 성공 확률이 높고 큰 수익을 얻을 수 있다는 주장에 많은 투자자가 동의하지만, 실천하는 것은 또 달라서 결코 쉽지 않은 문제다.

지금 어떤 결정을 내리느냐에 따라 미래의 내 투자 수익이 왔다 갔다 한다. 투자 결정에 앞서 자신의 정신력을 냉정하게 평가해보고 그다지 강한 것 같지 않다고 판단한다면 베팅(betting)보다는 재조정(rebalancing) 전략을 선택하는 것이 좋다.

말이 쉽지, 장기투자는 사실 엄청난 인내심을 가진 사람들만 할 수 있는 투자법이다. 결실을 얻기까지 오랜 기간 기다려야 하기 때문에 대출을 금기시하며 오히려 일정 수준의 현찰을 보유하기도 한다. 그래야 장기적으로 버틸 수 있기 때문이다. 자산을 빨리 불리려는 조바심으로 내가 가진 모든 자금에 빚까지 써서 올인하려고 생각한다면 미래를 너무 장밋빛으로 보는 것은 아닌지 자문할 필요가 있다.

계획한 대로 단기적으로 수익이 크게 나서 투자금 중 일부분을 현금화하여 대출금을 갚고 편안한 마음으로 투자할 수 있다면 그야말로 '꿩 먹고 알 먹기'다. 그러나 현실에서는 이와 정반대 상황이 자주 일어난다.

투자하자마자 주가가 하락해 원하지 않는 장기투자에 들어가기 일쑤다. 매달 이자를 내기도 벅찬데 금리는 끝없이 상승한다. 투자 전망이 암울할 때는 공교롭게도 생활까지 쪼들리기 시작한다. 대출을 더 받아보려 하지만 금리 상승으로 DSR(Debt Service Ratio) 제한에 걸려 한도가 남아 있지 않다. 이런 상황이 되면 가뜩이나 손실을 보고 있는 투자금에서 울며 겨자 먹기로 생활비를 인출할 수밖에 없다.

이렇게 되는 이유는 논리적으로 설명이 가능하다. 투자 손실이 발생했다는 것은 불황이 닥쳤다는 뜻이고, 회사의 사업도 어려워졌을 테니 급여를 줄이고 구조조정을 할 수도 있다. 이미 대출 한도를 채워 투자하는 상황이라면 급한 생활비를 이미 손실을 보고 있는 투자금에서 빼내 쓸 수밖에 없다. 악순환의 연속이다.

멀리 보고 투자하려면 단기간의 손익에 무덤덤할 수 있는 환경을 갖춰놓아야 한다. 장기투자를 할 때는 적어도 5년 이상 건드리지 않고 묵힐 수 있는 자금으로 투자해야 좋은 결과로 이어질 가능성이 높다.

워런 버핏은 잘 아는 종목에만 장기적으로 투자한다고 한다. 단기적으로 주가가 하락해도 꿈쩍하지 않는다. 보유한 종목의 가치를 확신하기 때문에 하염없이 기다릴 수 있고, 언젠가 제값이 되었다고 판단하면 매도하여 수익을 챙긴다. 쉽게 큰 수익을 얻는 것처럼 보이지만, 평범한 투자자는 따라 하기가 결코 쉽지 않다.

 장기투자는 기약 없이 기다려야 하기에 엄청난 인내력을 필요로 한다. 투자금도 풍부해야 한다. 또한 우량 기업을 골라내는 혜안을 갖춰야 한다. 이런 조건이 모두 갖춰지지 않은 투자자라면 끝까지 참지 못해 중도에 나가떨어지게 마련이다. 이런 현실적 한계를 인정한다면 남을 따라 투자하는 것보다 자기 그릇에 맞는 전략을 취하는 편이 훨씬 낫다.

02
팔방미인 금융상품은 존재하는가

열심히 농사를 지었으나 불행히 큰 가뭄이 들면 가을이 와도 농부는 아무것도 거두지 못할 수 있다. 예전에는 이런 사태를 겪으면 농부가 손해를 보는 데 그치는 것이 아니라 생존마저 위태로워졌다. 지금도 마찬가지지만 장기적인 날씨 예측은 정말 어려운 일이다.

이런 상황을 한번 가정해보자. 넉넉한 자본을 가진 상인이 봄에 농부에게 와서 가을에 수확할 쌀을 1,000만 원에 사겠다고 제안했다. 농부는 풍년이 들어 더 큰돈을 벌게 될 기대와 흉년으로

굶게 될 두려움 사이에서 고민하게 될 것이다. 오랜 고민 끝에 만약 농부가 상인의 제안을 받아들인다면 그해 가을의 작황에 따라 두 사람의 희비가 다음과 같이 엇갈리게 된다. 풍년이 들면 상인은 지불한 돈에 비해 큰 이익을 보겠지만, 농부는 배가 아플 것이다. 반대로 흉년이 들면 농부는 가슴을 쓸어내리겠지만, 상인은 농부가 볼 손해를 대신 뒤집어쓴 꼴이 된다.

이처럼 특정 자산을 특정 시점에 미리 정한 가격으로 사거나 파는 것이 선물거래다. 1877년 시카고 선물 시장에서 옥수수를 기초자산으로 거래하기 시작한 것이 최초라고 한다. 선도, 선물 또는 옵션 등의 파생상품은 이처럼 예측하기 어려운 리스크를 줄이고자 하는 필요성에 따라 발달해왔다.

그런데 언제부턴가 파생상품은 자산을 불리는 목적으로 활용되기 시작했다. 한국에서도 파생형 금융상품인 ELS(주가연계증권) 또는 DLS(Derivative Linked Securities, 파생결합증권)가 중위험·중수익 추구를 표방하며 엄청난 기세로 몸집을 불려왔다. 2022년에 ELS와 DLS의 발행액이 상당히 저조했다고는 하지만 각각 28조 1,000억 원과 3조 3,000억 원이나 된다.

그런데 2019년에 독일 국채 10년물 금리와 연계된 DLS 가입자가 원금을 거의 전부 잃게 됐던 사태를 보면 금융상품의 본질과 특성을 잘 이해하고 투자하는 것이 얼마나 중요한지 다시 한

번 깨닫는다. 독일 국채 DLS 투자 실패 사례에서 볼 수 있듯이 파생상품은 결코 중위험 상품이라고 단정할 수 없다. 역사상 증시 낙폭이 가장 큰 시기였던 2008년 글로벌 금융 위기 때도 주식형 펀드 가입자는 원금의 절반가량은 건질 수 있었다. 하지만 ELS나 DLS는 사고가 터지면 가입자가 원금의 대부분을 잃었다.

금융회사 창구에서 직원이 금융상품을 추천하면 고객은 스스로 생각의 범위를 한정하는 경향이 생긴다. 이를 두고 흔히 '프레임에 갇힌다'라고 표현한다. 점점 낮아지는 금리를 견디다 못해 처음으로 투자를 결심한 초보 투자자라면 당연히 실패에 대한 두려움이 앞서게 마련이다. 투자에 따른 수익률이 이자율보다 높아야 하는 것은 당연하다. 이때 중위험·중수익이라는 표현처럼 솔깃한 말도 없다.

ELS는 중위험·중수익을 장점으로 내세운다. ELS와 같은 파생상품은 주가가 오르지 않아도 수익을 내는 구조를 만들 수 있다. 주가지수가 장기간 박스권을 벗어나지 못한다면 ELS의 인기는 높아진다.

일반적으로 가장 인기 있는 ELS 유형은 기초자산을 2~3개로 하는 스텝다운형이다. 보통 3~6개월 단위로 하는 단계적 만기일이 지날 때마다 조기 상환을 위한 조건이 단계적으로 낮아진다. 이 때문에 수익을 낼 가능성이 점점 높아지는 것처럼 느껴진다.

하지만 ELS의 구조를 찬찬히 뜯어볼 필요가 있다. 기초자산의 가격이 오르기 시작하면 수익을 낼 시간을 더 이상 주지 않고 바로 조기 상환된다. 수익의 상한선은 대부분 연 10% 미만으로 제한되는 반면 손실의 하한은 100%까지 있다. 투자 원금 전부를 순식간에 잃을 수 있다는 뜻이다. 이렇게 보면 중위험·중수익이 아니라 오히려 고위험·중수익에 가깝다고 할 수 있다. 조기 상환은 모든 기초자산이 조건을 만족해야 한다. 녹인(Knock-in, 원금손실 발생 구간)은 기초자산 중 어느 하나라도 조건에 걸리면 발생한다. 또 녹인 구간에 진입하면 기초자산 중 가장 크게 하락한 것의 손실률을 적용한다.

일반적인 투자는 손실이 생겼을 때 매도하지 않고 가격 상승을 기다릴 수 있지만, 파생상품 투자는 만기가 되면 손실을 보고도 무조건 상환해야 한다는 점이 다르다. 주식시장과 달리 파생시장은 제로섬 게임이다. 누군가 이익을 보면 반대편에서는 반드시 그만큼의 손해를 보게 되는데 수수료마저 있어 시장참여자들의 평균 수익률은 결국 마이너스가 된다. 제로섬 게임의 참여자는 누구나 상대방이 자신보다 좀 더 어리석기를 바라지만 현실은 그렇지 않은 경우가 대부분이다. 그래서 파생형 금융상품에 투자할 때는 신중해야 한다.

국내 금융 소비자들은 낯선 금융상품을 접하게 되면 기가 죽는 것 같다. 그러다 보니 금융회사 직원이 펼치는 현란한 설득에 넘어가 잘 이해하지 못하는 상품에 귀중한 돈을 선뜻 맡기는 경우가 많다.

사실 금융상품도 믿을 만한 전문가의 설명을 기초로 상식과 논리를 갖고 분석하면 지나치게 겁낼 필요가 없다. 직접 분석하려고 노력하는 자체가 투자에 대한 좋은 공부가 된다. 이렇게 노력하다 보면 어느덧 나만의 중위험·중수익 투자법을 터득하게 된다는 것을 믿길 바란다.

03

종신보험과 종신연금은
타깃이 정반대에 있다

장 과장은 최근 친구에게 소개받은 보험설계사를 만나 상담을 받았다. 종신보험에 대해 설명을 듣다 보니 여러모로 유용할 것 같은 생각이 들었다. 피보험자가 사망하면 거액의 보험금이 지급되고, 원하면 연금으로도 받을 수 있다는 것이다. 조기 사망에 대비하면서 노후까지 준비할 수 있는 일거양득의 상품처럼 느껴졌다. 얼마 전, 장 과장이 과로로 돌연사한 고등학교 동창의 상가에 다녀왔던 터라 더욱 귀가 솔깃했는지도 모른다.

종신보험과 종신연금은 명칭이 비슷해 헷갈리기 쉽다. 이런 혼동을 교묘히 이용한 불완전판매가 꽤 자주 발생한다. 엄연히 종신보험은 사망보험이고, 종신연금은 연금보험이다. 두 금융상품은 겨냥하는 바가 완벽하게 다르다.

종신보험은 예상하지 못한 사망을 대비한다. 명칭에 '종신'이 붙은 것을 보면 알 수 있듯이 보험기간은 평생이다. 하지만 한창 일할 시기의 사망을 대비하는 데 특화되어 있다. 가장이 자산을 왕성하게 축적해야 할 나이에 사망한다면 유족은 가난의 수렁에 빠지게 된다. 종신보험은 이런 상황에서 거액의 보험금을 지급함으로써 최악의 상황을 면하게 한다. 그러나 다행히도 정년을 무사히 맞으면 종신보험은 효용성이 크게 떨어진다. 상속세를 대비한 재원이나 장례 비용으로 사용할 수 있겠지만 그로 인해 얻을 수 있는 이득은 별로 크지 않다.

현재 만 37세인 장 과장이 종신보험에 가입한다면 월 보험료 35만 원으로 1억의 사망보험금을 받을 권리를 즉시 획득하지만 시간이 지날수록 누적 보험료 액수는 사망보험금에 근접한다. 보험료 납입 기간이 20년이라면 해지환급금이 1억이 될 때까지 22년 걸린다. 3% 이자율의 적금에 월 35만 원을 넣는다면 19년 2개월 후에 1억 원이 되니까 만약 그 이전에 사고가 생기지 않는다면 종신보험 가입의 편익이 사라진다.

그래서 종신보험의 높은 보험료에 부담을 느끼는 사람들은

도표19 위험의 유형과 대비책

구분		발생 빈도	
		낮음	높음
손실 규모	미미	위험 보유	위험 축소
	심각	위험 이전(보험 가입)	위험 회피

보험 기간을 정년까지 한정한 정기보험에 가입하기도 한다. 많은 사람이 종신보험의 필요성에 회의를 품지만 돌발적인 사고를 대비하는 데 보험상품만 한 것은 없다. 보험은 발생할 확률은 극히 낮지만 예상할 수 없는 시기에 우리를 덮치는 불행을 막는 데 특화되어 있다. 얼마 안 되는 보험료로 미래의 큰 비용을 감당하게 해준다.

종신연금은 생명보험사에서 연금보험 형태로 가입할 수 있다. 가입자는 경제활동을 하는 시기에 푼돈을 차곡차곡 쌓아두었다가 노후에 연금으로 수령한다. 누구나 오래 살기를 바라지만 문제는 생활비다. 판단력이 흐려지는 시기에는 목돈을 들고 있는 것보다 통장으로 매달 들어오는 연금이 훨씬 안정적이다. 살아 있는 동안 매달 돈이 꼬박꼬박 내 계좌로 들어온다면 장수가 결코 두렵지 않다. 이런 조건을 모두 갖춘 종신연금은 100세 시대에 인기가 높을 수밖에 없다. 다만 종신연금은 오래 살아야

도표20 종신보험과 종신연금은 어떻게 다른가

구분	종신보험	종신연금(연금보험)
해지환급금 1억 원 도달 기간	22년	19년 7개월
65세 개시 종신연금 지급액 (20년 지급 보증)	매년 342만 원	매년 530만 원
사망보험금	1억 원	210만 원＋적립금

이득이 커진다. 일정 수명을 넘기지 못한다면 기간을 정해놓고 받는 연금만 못할 수 있다.

장 과장이 65세부터 20년 동안만 받는 정기 연금 방식을 선택한다면 매년 725만 원을 받아 20년 동안 받는 총수령액은 1억 4,500만 원이 된다. 연금액은 비교적 많지만 정해 놓은 기간 동안만 지급된다. 반면 살아 있는 동안 지급이 보장되는 종신연금 방식을 선택한다면 연간 530만 원을 받게 되므로 28년간 받아야 20년 정기 연금 총수령액과 비슷해진다. 따라서 장 과장이 적어도 93세는 넘겨 살아야 종신연금으로 받는 편익이 생긴다는 것을 알 수 있다.

종신연금, 즉 연금보험은 해지환급금 1억 원에 도달하는 데 걸리는 기간이 채 20년이 안 되므로 종신보험보다 훨씬 짧다. 종신보험은 일찍 사망할수록, 종신연금은 오래 살수록 경제적 이익이 커진다. 둘의 명칭은 비슷하지만 지향하는 바가 정반대인 상품이다.

장 과장은 홍 차장에게서 연금보험의 연금액이 종신보험의 1.5배가 넘는다는 설명을 듣고 생각을 바꿨다. 종신보험을 연금으로 전환하는 방법이 별로 효율적이지 않다는 사실을 깨달은 것이다. 그래서 종신보험에 가입하려던 금액 중 일부를 떼어 연금저축계좌에 넣기로 결정했다. 장 과장은 이제 조기 사망과 기나긴 노후 어느 쪽도 두렵지 않다.

04

완벽한 포트폴리오는
과연 존재할까

　완벽한 투자 포트폴리오는 모든 투자자의 꿈일 것이다. 변동성이 적으면서 꾸준히 이자율 이상의 수익을 올리는 포트폴리오가 있다면 투자를 하는 데 아무 걱정도 할 필요가 없을 것 같다. 노벨 경제학상을 받은 해리 마코위츠가 1950년에 현대 포트폴리오 이론(Modern Portfolio Theory)을 발표한 것을 계기로, 이른바 60·40 포트폴리오는 월가의 고전으로 자리 잡았다.

　이는 자산의 60%는 주식에, 나머지 40%는 채권에 투자하는 포트폴리오다. 서로 상관관계가 낮은 자산에 나눠 투자하면 기대수익률은 비슷하게 나오면서 투자 리스크는 낮출 수 있다는 이론을 정립한 것이다.

실제로 60·40 포트폴리오는 경기가 좋을 때는 주식에서 큰 수익을 얻고 불황으로 주가가 하락할 때는 채권이 완충 역할을 하면서 투자자에게 꾸준한 수익을 가져다줬다. 이 포트폴리오가 70·30, 80·20, 90·10 또는 주식 100%의 포트폴리오를 제치고 정석으로 자리 잡은 이유는 수익률이 더 높아서가 아니다.

주식 비중이 높은 포트폴리오일수록 장기적으로 가장 높은 수익률을 보이지만, 60·40 포트폴리오와의 수익률 차이는 그리 크지 않다. 반면 경기가 좋지 않으면 주식 비중이 높은 포트폴리오일수록 하락폭은 훨씬 크다.

한마디로 60·40 포트폴리오가 다른 포트폴리오들에 비해 샤프지수(119쪽 참조)가 더 높다. 샤프지수는 수익률을 투자 리스크로 나눈 수치로서 이 지수가 높을수록 투자자에게 더 유리한 금융상품이다.

60·40 포트폴리오의 성과를 보면 글로벌 금융 위기가 한창이었던 2008년의 21.8% 손실과 2018년의 2.3% 손실을 제외하고 2021년까지 15년간 매년 수익을 냈다. 2008~2021년까지 연평균 수익률이 9.2%나 된다. 하지만 60·40 포트폴리오도 2022년에는 16.9%의 손실을 기록했다. 미국 연방준비제도가 인플레이

션을 잡기 위해 기준금리를 급격히 올리면서 주식과 채권의 가격이 동시에 하락하는 특이한 사태가 발생했기 때문이다. 60·40 포트폴리오의 실패를 상당히 예외적인 현상으로 보는 전문가가 많지만 앞으로의 유효성에 대해 회의를 품는 전문가도 있다.

해리 브라운(Harry Browne)은 1981년에 네 가지 자산을 동일 비중으로 구성한 영구 포트폴리오(Permanent Portfolio)를 고안해냈다. 상관관계가 0에 가까운 주식, 장기국채, 금, 현금에 각각 25%씩 배분하여 모든 경기 상황에서 어느 정도의 성과를 낼 수 있도록 설계했다. 인플레이션에 취약한 60·40 포트폴리오의 약점을 보완한 것이다. 이 포트폴리오에 '영구' 포트폴리오라는 이름을 붙인 것도 한번 설정하면 경제 전망이 어떻게 변하든 포트폴리오를 재구성할 필요가 없기 때문이다.

브라운은 영구 포트폴리오가 경기와 물가의 변동에 따라 발생할 수 있는 모든 상황에 대비할 수 있다고 주장했다. 주식은 경기가 좋으면 주가가 오르고, 경기가 나쁘면 주가가 떨어진다. 채권은 물가가 상승하면 중앙은행이 금리를 올리기 때문에 가격이 떨어지고, 물가가 하락하면 반대로 가격이 오른다. 금은 물가가 상승하면 가격이 오르고, 물가가 하락하면 가격이 떨어진다. 현금은 경기가 좋으면 크게 오르는 주식에 비해 상대적으로 수익률이 떨어지지만, 경기가 나쁘면 손실이 큰 주식에 비해 상대적으로 유리하다.

이처럼 어떤 상황이 와도 수익을 지켜줄 수 있는 자산군이 절반은 되기 때문에 실제 과거 성적을 보면 손실폭이 상당히 작다는 것이 눈에 띈다. 1970년부터 2022년까지 52년간 영구 포트폴리오의 최고 손실률은 12.7%인데 같은 기간에 다우지수가 20% 이상 손실을 본 것이 7번이나 된다. 이 기간에 영구 포트폴리오의 연평균 수익률은 8.4%로 아주 높지는 않지만 이자율보다는 명백히 우위에 있다.

최근에 가장 명성을 떨치고 있는 포트폴리오 중 하나는 올웨더 포트폴리오(All Weather Portfolio)일 것이다. 브리지워터어소시에이트(Bridgewater Associate)의 회장인 레이 달리오(Ray Dalio)가 창안했다.

앞서 설명한 영구 포트폴리오는 모든 자산이 25%씩 동일한 비율로 배분되어 주식이나 금과 같은 변동성이 큰 자산에 의해 전체 포트폴리오가 휘둘리는 경향이 있었다. 달리오는 자산의 변동성이 적으면 비중을 크게, 자산의 변동성이 크면 비중을 작게 가져가는 것이 옳다고 생각했다. 이를 보완하여 '주식:중기국채:장기국채:금:원자재'를 30:15:40:7.5:7.5의 비율로 배분한 것이 올웨더 포트폴리오다. 안정성이 높은 채권의 비중이 주식, 금, 원자재에 비해 높다. 이 포트폴리오의 연평균 수익률은

1970~2022년까지 52년 동안 9%에 이른다.

되도록 신경을 많이 쓰지 않아도 되는 투자를 하고 싶은 욕구는 TDF(Target Date Fund) 같은 금융상품을 탄생시켰다. 한국은 퇴직연금의 수익률이 너무 낮다 보니 강제로라도 높이려는 의도에서 사전지정운용제도가 도입됐다. 가입자가 적립금 운용 방법을 지시하지 않을 때는 미리 선정된 금융상품에 자동으로 가입시킨다. 그중에서 가장 많이 주목받는 것이 TDF다.

TDF는 운용하는 대부분의 기간에는 사실상 주식형 펀드다. 정년이 가까워지면 주식형 펀드에서 서서히 채권혼합형 펀드로 전환하도록 설계되어 있다. 투자 기간이 많이 남았고 적립식으로 리스크를 분산해 투자할 수 있는 젊은 시절에는 공격적 운용을 하다가 투자 종료 시점이 가깝고 목돈이 쌓이는 정년 즈음이 되면 안정적 운용으로 연착륙시키는 것이다. 문제는 대다수 근로자가 정년이 되기 전에 이직을 하거나 퇴직을 할 수도 있다는 사실이다. 이렇게 되면 TDF가 의도하는 애초의 계획이 틀어진다. 완벽한 포트폴리오는 존재할 수 없다.

05

정기적으로
투자 포트폴리오를 조정하라

포트폴리오란 자신의 투자 성향에 적합한 자산의 분산 비율이다. 따라서 투자자의 성향에 따라 포트폴리오는 모두 다를 수밖에 없다. 포트폴리오를 짜서 투자하면 단일 종목에 투자하는 것보다 유리한 이유는 앞에서 충분히 설명했다. 비록 기대수익률이 낮아지지만 그보다 더 큰 폭으로 줄어드는 것은 투자 리스크다.

물론 한 종목에 올인하고 가격이 몇 배 급등하기를 꿈꾸는 성향의 사람도 있다. 한 종목이 급등할 확률이, 여러 종목이 한꺼번에 급등할 확률보다 훨씬 높아 보이기 때문이다. 하지만 반대로 생각하면 한 종목이 폭락할 가능성이, 여러 종목이 동시에 폭락할 가능성보다 높다.

사실 주식시장은 변화무쌍해서 아무리 날고 기는 고수라도 정확히 예측할 수 없다. 그런데 투자자들은 종종 자기 예측을 맹신하는 실수를 범한다. 확신에 찬 투자자는 가진 자금을 한 군데에 다 털어 넣기 마련이다. 감당하지 못할 수준의 대출까지 받아서 투자처에 쏟아붓지 않으면 그나마 다행이다.

포트폴리오 투자법은 미래를 알 수 없다는 사실을 인정하는 겸손함의 표현이다. 포트폴리오 투자는 먼저 서로 상관성이 낮은 펀드 A, B, C를 각각 매수해 포트폴리오에 따라 배분하는 것으로 시작한다. 이때 재조정 주기를 미리 정한다.

재조정 시점이 되었을 때는 수익이 난 자산과 손실이 난 자산이 뒤섞이며 포트폴리오가 변경되어 있기 마련이다. 이럴 때 투자자는 수익이 난 자산을 추가로 매수하고 싶을 것이나, 포트폴리오 투자법에서는 오히려 가격이 오른 자산의 수익만큼 팔아 손실이 난 자산을 산다. 이를 재조정, 즉 리밸런싱이라 한다.

이렇게 하면 다음 쪽의 〈도표21〉처럼 처음 포트폴리오와 같아진다. 이와 같은 과정을 재조정 주기에 맞춰 기계적으로 단순히 반복하기만 하면 된다. 재조정을 함으로써 포트폴리오를 지

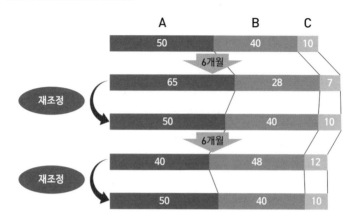

속적으로 자신의 투자 성향에 맞추는 것이다.

어떻게 보면 포트폴리오 투자는 장기투자 이론과 배치되는 것처럼 보인다. 장기투자를 해야 성공할 확률이 높고 큰 수익을 얻을 수 있다는 논리에 동의한다. 하지만 오랫동안 묵힐 수 있는 여유 자금으로 투자한 것이 아니라면 수익이 날 때까지 느긋이 기다리기란 쉽지 않다. 실제로 대부분의 투자자는 여유 자금이 충분하지 않으며 마음은 바람에 흔들리는 갈대와 같다.

투자는 생산적이라는 점에서 도박과 구별되지만 심리 상태가 결과에 절대적인 영향을 끼친다는 점에서는 비슷한 면이 있다. 아마도 투자자가 가장 좌절하는 순간은 오랜 기다림 끝에 수익을 얻어 성취감을 느낄 만할 때 갑작스러운 시장 하락으로 기껏 얻은 수익을 다 까먹고 원금마저 크게 잃은 때가 아닐까?

아무리 내공이 깊은 투자자라도 이런 상황을 겪으면 의욕을 상실해 시장을 떠나고 싶을 것이다. 자기 정신력이 그다지 강한 편이 아니라고 생각한다면 장기투자보다 포트폴리오 투자를 선택하는 편이 낫다.

투자자가 창의력을 조금만 발휘한다면 포트폴리오 투자법을 다양하게 변형해 실전 투자에 적용할 수 있다. 재조정 주기를 정하는 것이 아니라 종목별로 목표 수익률을 정하고 투자하는 것도 한 방법이다.

예를 들어 변동성이 큰 천연자원 펀드는 30%, 안정성장형의 선진국주식형 펀드는 15%, 안전자산인 중장기채권형 펀드는 5%를 목표 수익률로 잡는다. 얼마간의 시간이 흘러 천연자원 펀드가 30%의 수익률에 도달했다면 그 수익만큼 매도하여 아직 목표 수익률에 이르지 못했거나 손실을 보고 있는 선진국주식형 펀드와 중장기채권형 펀드를 분산하여 추가로 매수한다. 포트폴리오 투자를 적절히 응용한 투자 사례라 볼 수 있다.

06

마음이 편안한
투자 전략을 짜라

홍 차장은 다방면에 지식이 풍부한 편이다. 사내에서도 모든 직원이 그의 박학다식을 인정한다. 자산관리에도 자신이 있다. 집안 살림은 주로 아내가 맡지만 가계의 중요한 재무적 결정은 그가 담당한다.

지금까지 홍 차장이 했던 투자는 대체로 성공으로 끝났다. 이런 자신감 때문에 그의 투자 성향은 대단히 공격적이다. 장기로 적립하면 투자가 성공으로 끝난다는 믿음을 갖고 있었다. 이제 40대 중반을 지나면서 그동안 홍 차장이 축적한 자산은 꽤 큰 금액이 되었다. 그런데 자산 규모가 커지다 보니 적립식으로 투자할 때와는 마음가짐이 달라짐을 느꼈다. 부자가 몸조심하는 심리라고나 할까?

포트폴리오 전략은 자산을 축적하는 적립기에 활용하기 좋다. 포트폴리오를 짜서 투자하면 단일 종목에 투자할 때보다 기대수익률이 낮아질 수 있으나 투자 리스크는 더 큰 폭으로 줄어든다. 자산 가치가 변동해도 재조정을 통해 포트폴리오를 주기적으로 자신의 투자 성향에 맞춰 정렬함으로써 심리적 편안함을 느끼게 된다.

또한 포트폴리오 투자법은 잘못된 판단 한 번으로 회복 불가능한 결과를 초래할 수 있는 노년기에도 활용하기 적합하다. 특히 인출을 하면서 적립금을 운용해야 하는 노후 생활의 초기에 유용하다. 피델리티 일본투자자교육연구소에 따르면 일반적인 정년인 60세부터 75세까지는 어느 정도의 투자수익률을 올리면서 생활비를 인출해야 하는 단계다.

다음 쪽에 있는 〈도표22〉의 제2단계에서 분산투자는 필수적이다. 투자 리스크를 낮추기도 하지만 인출할 때 유리한 면이 많기 때문이다. 서로 상관성이 적은 주식형 펀드·채권형 펀드·예금을 투자자의 성향에 따라 각각 적절한 비율로 보유한 것과, 동일한 비율이지만 혼합형 펀드 하나로 묶어서 보유한 것의 차이

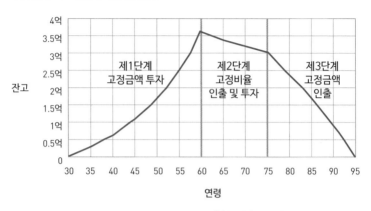

잔고

제1단계
고정금액 투자

제2단계
고정비율
인출 및 투자

제3단계
고정금액
인출

연령

＊출처 : 피델리티 일본투자자교육연구소

는 무엇일까?

재조정 시기가 되어 재평가를 해보면 수익이 난 자산과 손실이 난 자산이 뒤섞이며 포트폴리오가 처음과 달라졌을 것이다. 전체적으로 손실을 봤을 수도 있고 이익을 봤을 수도 있다. 혼합형 펀드에 가입한 투자자는 전체적으로 자산이 늘었을 경우 편안한 마음으로 수익만큼 인출해서 생활비로 쓰면 된다. 문제는 수익이 생기지 않았거나 심지어 손실이 발생했을 때다. 가뜩이나 손실이 생긴 자산에서 일부를 인출해야 한다면 못내 아쉬울 것이다.

반면 자산별로 분리하여 보유한 투자자는 전체적으로 손실이 생겼어도 일부 자산에서는 수익을 거둘 수 있다. 주식형 펀드에

서 손실이 나도 예금에는 이자가 붙고 채권형 펀드는 수익을 냈을 수도 있는 것이다. 상관관계가 낮은 자산들은 하나에서 손실이 날 때 다른 것들에서는 수익을 얻을 확률이 높다. 주식과 채권에 나누어 투자하는 것은 이런 이유 때문이다.

이럴 때 수익분을 떼서 생활비로 쓴다면 심리적으로 훨씬 편안함을 느낄 것이다. 그리고 이런 식으로 버티는 동안 손실이 난 자산이 회복될 시간을 벌 수 있다. 기다리면 우량 자산의 가격은 다시 상승하기 마련이다.

인출을 하면서 투자를 하는 제2단계에서 수익을 찾아 생활비로 쓰는 것은 포트폴리오 투자법의 원리에 부합한다. 각종 펀드에 각각 가입하면 하나의 혼합형 펀드에 가입할 때보다 수수료를 감소시키는 효과도 얻게 된다. 주식형 펀드의 보수가 1.2%, 채권형 펀드의 보수가 0.3%라면 혼합형 펀드의 보수는 0.9%로 비싸다. 주식형 펀드와 채권형 펀드에 3:7의 비율로 각각 가입하면 혼합형 펀드와 유사한 비율이 되는데 총보수는 0.6%에 불과하다. 주식형 펀드와 채권형 펀드에 각각 가입하는 것이 혼합형 펀드에 가입하는 것보다 비용을 33%나 줄일 수 있는 것이다.

07

수익률과
이자율의 차이점

투자시장이 전체적으로 크게 위축되고 이자율은 높아지면서 갈 길 잃은 자금이 예금으로 몰렸다. 기준금리 인상은 이제 끝나 간다고 하지만 불확실성이 높은 상황에서 당분간 예금에 많은 자금이 대기할 것 같다. 적금은 예금보다 이자율이 더 높다. 적금 이율이 10%이고 예금 이율이 6%라면 1년 후에 어느 것에 이자 가 더 많이 붙어 있을까? 승자는 예금이다.

다음 쪽에 있는 〈도표24〉와 같이 예금은 세전 총수익률이 6% 로 이자율과 정확히 일치하지만, 적금의 총수익률은 10%인 이

도표24 예금과 적금

구분	이자율	납입 원금	기간	원리금	총수익률
예금	단리 6%	1,200만 원	1년	1,272만 원	6%
적금	단리 10%	매달 100만 원		1,265만 원	5.4%

도표25 단리와 복리

구분	이자율	납입 원금	기간	원리금	총수익률
예금A	복리 10%	1,000만 원	5년	1,645만 원	64.5%
예금B	단리 10%			1,500만 원	50.0%
예금C	복리 8.2%			1,505만 원	50.5%

자율의 절반 정도인 5.4%밖에 안 된다. 이자율 10%인 적금의 이
자가 이자율 6%인 예금 이자보다 오히려 적다. 그 이유는 적금
은 첫 달에 부은 납입금에 대해서는 1년간 이자가 붙지만 마지
막 납입금에는 1개월 치 이자밖에 붙지 않기 때문이다. 동일한
이자율이더라도 적금은 예금에 비해 실제로 얻는 이자 액수가
절반 정도에 그친다.

　보통 은행 예적금의 이자율은 1년 단리로 표기한다. 단리는 원
금에만 이자가 붙는다. 이자에는 이자가 안 붙는다. 따라서 5년
만기 예금은 단리 10%보다 복리 8.2%에 가입하는 것이 낫다. 물

론 1년 단리 10% 예금에 5년 연속해서 가입하면 5년 복리 10% 예금을 든 것이나 마찬가지다.

수익률이나 이자율은 그 표기 방식이 매우 다양하다. 금융상품마다 다른 표기 방식은 간혹 착시 현상을 일으킨다. 금융투자 상품은 연환산 수익률을 표시할 때 복리 방식을 쓴다. 지난 5년간 연환산 수익률 10%인 주식형 펀드에 목돈을 거치식으로 넣었다면 5년짜리 복리 10% 예금의 이자만큼을 수익으로 얻었을 것이다. 그런데 납입된 이후 경과한 기간만큼만 칼같이 적용되는 이자율과 달리 펀드의 수익률은 일반적으로 투자한 총기간 동안 발생한 결과를 나타낸다.

혼동하기 쉬운 개념이기 때문에 적립식 펀드와 거치식 펀드를 비교해서 설명하는 편이 낫다. 적금은 이자율이 예금의 2배는 되어야 동등한 이자를 받는다. 그러나 수익률이 동일하다면 적립식 펀드는 거치식 펀드와 똑같은 수익이 생긴다. 펀드의 수익률이란 결국 투자하는 동안의 총수익률을 나타냄을 알 수 있다. 물론 동일한 펀드를 적립식과 거치식으로 동시에 가입했다면 십중팔구 수익률이 다르게 나타날 것이다. 적립식 펀드는 코스트 에버리지 효과를 얻을 것이고, 거치식 펀드는 시장의 변동성을 그대로 반영할 것이기 때문이다.

또한 다음 쪽에 있는 〈도표26〉과 같이 복리 10% 이자율의 적

⚠ 코스트 에버리지 효과

장기적으로 주가가 우상향한다는 굳센 믿음이 있더라도 단기적으로 주가가 하락하면 담담한 마음을 유지하기는 어렵다. 그런데 일정 주기마다 일정액을 매수하는 적립식 투자를 한다면 주가가 떨어졌을 때 오히려 많은 주식을 매수하게 된다. 주식의 평균 매입 단가를 낮추게 되는 것이다. 이런 효과를 '코스트 에버리지(cost average) 효과'라고 한다. 평균 매입 단가를 낮추면 주가가 처음 매수 시점만큼 회복되지 않아도 수익이 난다.

적립식 투자의 회복력은 때로는 놀라울 정도다. 매달 10만 원어치의 주식을 산다고 가정하자. 주가가 처음에 1만 원이었는데 불행하게도 줄기차게 떨어져 5년 후 2,000원이 되었다. 가격이 1/5 토막 난 것이다. 그 이후 주가가 오르기 시작해 투자한 지 10년째 되던 해에 다시 1만 원으로 회복했다. 이때 다음 중 투자자가 원금을 회복한 시점이 언제일까? 놀랍게도 주가가 최저점인 2,000원을 찍은 5년으로부터 1년 반밖에 걸리지 않는다. 투자자는 '① 6년 반 후'에는 원금을 되찾을 수 있다.

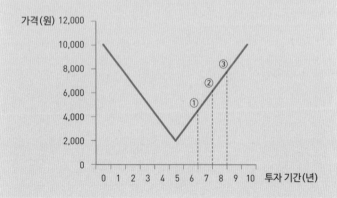

도표26 적립식 펀드, 거치식 펀드, 적금의 1년 후 총수익률

구분	수익률(이자율)	납입 원금	기간	평가액	총수익률
거치식 펀드	10% (연환산 수익률 10%)	1,200만 원	1년	1,320만 원	10.0%
적립식 펀드		매달 100만 원			
적금A	복리 10%			1,267만 원	5.6%
적금B	복리 20%			1,338만 원	11.5%

도표27 적립식 펀드, 거치식 펀드, 적금의 3년 후 총수익률

구분	수익률(이자율)	납입 원금	기간	평가액	총수익률
거치식 펀드	10% (연환산 수익률 3.23%)	3,600만 원	3년	3,960만 원	10.0%
적립식 펀드		매달 100만 원			
적금A	복리 10%			4,213만 원	17.0%
적금B	복리 20%			4,960만 원	37.8%

금과 10% 수익률의 적립식 펀드의 최종 결과가 다른 것을 보면 단리와 복리 외에도 둘 사이에는 다른 차이가 있다. 따라서 예금과 금융투자상품을 이자율이나 수익률로 비교할 때는 주의가 필요하다.

복리 20% 이자율의 적금은 1년 후에 이자가 138만 원 붙지만, 10% 수익률의 적립식 펀드는 수익이 120만 원 붙는다. 복리 20%짜리 적금이라도 10% 수익률의 적립식 펀드에 비해 수익이 생각보다 많지 않다.

기간이 길어지면 수익률이 그대로여도 펀드의 연환산 수익률은 낮아진다. 반면 이자율은 변동하지 않는다. 이자율은 납입한 원금으로부터 단위 기간에 붙는 이자의 비율을 나타낸 것이고, 수익률은 투자 기간을 통틀어서 발생한 손익을 총납입원금으로 나눈 것이기 때문이다. 따라서 기간이 길어지면 〈도표26〉의 결과는 〈도표27〉과 같이 바뀐다.

08

분산투자는 하락 국면에서
위력을 발휘한다

2022년 초까지만 해도 거침없이 상승했던 주식시장이 꽤 큰 조정에 들어갔다가 2023년에 들어서서 조금씩 회복되는 조짐을 보이고 있다. 코로나19 팬데믹이 시작된 이후 대부분의 전문가들은 세계적으로 경기 부양을 위해 엄청나게 풀린 자금이 향할 곳은 자산 시장밖에 없다고 판단하여 수급장세가 지속될 것이라 예상했다.

각국에서 백신 접종이 순조롭게 진행됐고 기업의 실적도 대체로 좋아 주식시장의 시황을 낙관했으나, 투자자들은 곧 예측은 틀리기 마련이라는 진리를 다시금 깨닫게 됐다. 지금은 대세 상승이 계속되리라는 믿음을 갖고 시장에 뛰어든 투자자나 새롭게 진입하려는 투자자나 전부 고민에 빠질 만한 시기다.

모두가 쉽게 수익을 올리는 상황이 오기를 간절히 바라겠지만, 성공의 달콤한 열매는 항상 치열하게 노력하는 소수가 차지하곤 한다. 긍정적으로 생각하면 남들이 혼란에 빠져 우왕좌왕하고 있을 때 주도적으로 수익률 차이를 벌릴 수 있는 기회라고 스스로 위안해볼 수 있다.

이런 시기에는 현금을 들고 장세를 관망하는 것도 투자의 한 방편이 되나 다소 소극적인 대응책이다. 조정을 거쳐 다시 상승장으로 전환될 것으로 믿는다면 우직하게 장기투자를 할 수도 있으나 굳건한 신념과 상당한 인내심이 필요하여 웬만한 투자자라면 중도에 포기하기 쉽다.

더군다나 앞으로의 상황도 좋아 보이지 않는다. 미국 연방공개시장위원회(FOMC)는 인플레이션을 걱정할 단계가 아니라고 말하고 있으나 시장 금리는 상황에 따라 민감하게 반응하고 있다. 불황과 인플레이션이 함께 오는 암울한 시대가 열릴지도 모른다.

이런 소식은 우리 주식시장에 긍정적으로 작용하지 않을 것이다. 그렇다고 금리 상승이 언제 끝날지 모르는 상태에서 채권에 투자하기도 여간 부담스러운 것이 아니다. 테마주나 특정 섹터에 투자하는 펀드는 분산투자라는 원칙에서 벗어나기 때문에 웬만한 자신감 없이 투자하기란 쉽지 않다.

이런 시기에는 배당주 펀드, 가치주 펀드, 롱숏 펀드 또는 멀티에셋인컴 펀드 투자를 고려해볼 수 있다. 과거에 주가가 박스권에 있을 때 빛을 발했던 펀드 유형이다.

주가 조정기는 배당 성향이 높은 주식에 투자하여 안정적인 배당 수익을 노리거나, 내실 있는 알짜배기 기업을 발굴하기 좋은 시점이다.

롱숏 펀드는 저평가된 주식을 매수하고 고평가된 주식을 매도하는 독특한 전략을 구사하여 절대수익을 추구한다. 대개 채권혼합형 펀드로 운용되며 변동성이 낮고 꾸준한 성과를 보인다.

멀티에셋인컴 펀드는 일정 기간마다 수익 또는 이자를 챙길 수 있는 자산에 철저히 분산투자하며 수익성보다 안정성을 우선으로 한다. 고배당주, 이표채(利表債) 등의 전통적 투자자산뿐만 아니라 원자재, 리츠, 통화 등 다양한 대체자산에 이르기까지 분산투자하기 때문에 변동성이 비교적 적고 수익이 꾸준히 발생한다.

이들 유형의 펀드는 꾸준한 수익을 추구하므로 시황이 좋아지더라도 큰 수익을 얻기는 어렵다는 점을 반드시 기억해둬야 한다. 분산투자는 수익을 극대화하기 위한 것이 아니라 리스크를 축소하려는 목적을 갖고 있다. 투자의 기본 원칙 중 하나는 수익을 크게 내는 것보다 손실을 되도록 줄이는 것이 더욱 중요하다는 것이다.

09

열 중 일곱은
기초연금을 받을 수 있다

기초연금은 보험료를 내지 않고 받으니, 연금이라는 명칭이 붙어 있지만 사실은 사회보장제도다. '전 국민 국민연금 체계'가 정립되기 이전 세대를 위해 만들어진 제도다.

65세 이상이면 다 기초연금을 받는 것은 아니다. 소득과 재산을 따져 하위 70%에 드는 대한민국 국민이어야 한다. 아무리 애써도 조건에 안 맞으면 어쩔 수 없지만 자신이 조건의 경계에 걸쳐 있다면 받을 수 있도록 노력해볼 필요가 있다.

기초연금을 받는 것은 정당한 국민의 권리다. 기초연금은 지급액이 적지 않아서 특별히 노후 대비를 하지 않은 분들에게는 생활에 꽤 큰 보탬이 될 수 있다.

예전에 최 부장은 기초연금에 별로 관심이 없었다. 경제적으로 어려운 노인에게 주는 돈이라 여겼다. 하지만 요즘은 점점 생각이 바뀌고 있다. 최 부장은 급여가 많지 않았던 신입 시절 몇 년을 빼고 평생 최고 등급의 국민연금 보험료를 내왔다. 며칠 전 공단으로부터 온 안내장을 읽어보니 만 65세부터 월 140만 원가량 받는다고 적혀 있다.

그런데 기초연금은 부부가 최대 52만 원 가까이 받는다는 것이다. 그 액수가 적지 않다는 사실에 놀라기도 했고 동시에 다소 허탈감을 느꼈다. 게다가 국민연금을 일정 금액 이상 받는 사람은 기초연금 받을 자격을 잃거나 받더라도 연금액이 깎인다는 것이다. 이를 계기로 최 부장은 기초연금을 어떤 조건에서 얼마나 받을 수 있는지 자세히 알아보기로 결심했다.

공무원연금, 사학연금, 군인연금, 별정우체국연금을 받는 사람과 그 배우자는 원칙적으로 기초연금 수급 대상에서 제외된다. 소득인정금액을 따져 하위 70%를 선정하는데 2023년 기준으로 단독 가구는 월 202만 원, 부부 가구는 월 323만 2,000원 이하여야 기초연금을 받는다. 재외국민 또는 국내에 거주하더라도 대한민국 국적자가 아닌 사람은 받지 못한다.

기초연금으로 지급하는 최대 금액은 단독 가구는 월 32만 3,180원, 부부 가구는 월 51만 7,080원이다. 소득인정금액에 따라 최대 지급액에서 감액하여 차등 지급한다. 소득인정금액은 건강보험료를 산정할 때처럼 소득과 재산 둘 다 따져 결정한다.

이때 다른 재산은 연 4%의 소득으로 환산하는데 고급 자동차나 회원권은 평가액 전부를 소득으로 잡는다. 쉽게 말해서 고급 자동차나 회원권을 갖고 있으면 기초연금을 못 받는다고 생각하면 된다.

❗ 기초연금의 소득인정금액=①소득평가액 + ②재산의 소득환산액

① 소득평가액={0.7×(근로소득-103만 원)}+기타소득*

* 기타소득：사업소득, 이자소득, 연금소득, 공적이전소득, 무료임차소득**

** 무료임차소득：자녀 소유의 고가 주택에 무상으로 거주하면 임차료에 상응해 발생한다고 간주하는 소득

② 재산의 소득환산액=[{(일반재산-기본재산액*)+(금융재산-2,000만 원)-부채}×0.04)÷12개월]+고급 자동차** 및 회원권의 가액

* 기본재산액：서울시/광역시 1억 3,500만 원, 중소도시 8,500만 원, 농어촌 7,250만 원

** 고급 자동차：배기량 3,000cc 이상이거나 가액이 4,000만 원 이상인 차량

건강보험료를 산정할 때와 비슷한 점도 많지만 다른 점도 있다. 건강보험료를 산정할 때는 배당이나 이자와 같은 소득을 따지지만, 기초연금 지급액을 결정할 때는 소득뿐만 아니라 원금까지 따진다.

재산이 적어야 기초연금을 받을 가능성이 높아지니까 어떤 노인들은 자녀에게 재산을 미리 증여한다고 한다. 이를 방지하기 위해 2011년 7월 1일 이후로는 재산을 자녀에게 증여하거나 처분한 경우, 해당 재산의 가액에서 일부를 차감한 금액을 기타 재산으로 산정해 소득인정금액 계산 시에 포함한다.

국민연금은 월 20만 원씩 20년 동안 내야 65세 이후 월 50만 원가량 받는다. 따라서 기초연금으로 부부가 한 달에 52만 원 가까이 받는 것은 결코 적은 것이 아니다. 국민연금을 많이 받아도 기초연금은 감액된다. 2023년을 기준으로, 국민연금을 월 48만 4,770원 넘게 받으면 기초연금 지급액을 깎는데 최대 절반까지 삭감된다. 예를 들면 국민연금 수령액이 50만 원이면 3만 원, 70만 원이면 6만 5,000원, 100만 원이면 9만 5,000원을 기초연금 최대 지급액에서 감액해 지급한다.

국민연금 보험료를 많이 낼수록 수익률이 낮은 이유는 국민연금에 소득재분배 기능이 들어 있기 때문이다. 그런데 기초연금까지 삭감되어 이중으로 불이익을 받으니 국민연금 가입자의

도표28 기초연금 수급자와 소요 예산 전망

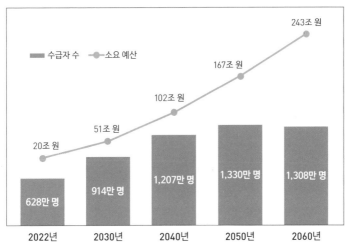

* 출처:보건복지부

반발이 거세다.

기초연금은 노인 복지를 향상하려는 선의로 시작됐으나 무상 복지라는 한계 때문에 유지하기 쉽지 않은 제도다. 앞으로 모든 국민이 국민연금을 받고 또 국민연금 평균수령액이 점차 상승하면 기초연금제도가 축소되면서 여러 문제점이 점차 해소될 것이다.

달콤한 투자 비법은 없다

이 책의 출간을 위해 바쁘게 원고를 수정하던 어느 봄날, 상당한 규모의 금융 사기 사건이 터졌다는 기사를 우연히 보았습니다. 사기 피해자 중에는 돈 많고 세상 물정을 알 만한 유력 인사도 꽤 있었습니다. 저는 왜 이런 똑똑한 사람들이 사기에 말려들었는지 궁금했습니다.

이 사건의 주범은 "우연히 주식시장의 비밀을 발견했다"라는 주장으로 대중의 귀를 솔깃하게 만드는 데 성공했습니다. 이어서 "처음에는 이렇게 쉬운 비밀로 정말 돈이 벌릴까 의심스러워 몇 년간 검증의 시간을 가졌다. 그리고 된다는 걸 확인하고 여러 사람에게 알렸다. 하지만 모두 다 성공한 것은 아니었다"라고 덧

붙였습니다. 시장의 비밀은 의외로 쉽고 간단하지만 이를 실행하는 개인의 역량에 따라 결과에 큰 편차가 생기기 때문이라는 것입니다.

따라서 시장의 비밀을 알고 이를 활용해 돈을 버는 숙련된 기술을 가진 자신에게 자금을 맡기라고요. 그러면 마음 편히, 안전하게, 꾸준하게 증식해주겠다는 것입니다. 대단히 매혹적인 제안이 아닐 수 없습니다. 제가 보기에는, 대다수 투자자의 마음속 깊은 곳에 자리 잡은 욕망을 제대로 건드렸습니다.

아마 지금까지 수많은 사람이 주식시장의 비밀을 찾기 위해 갖은 노력을 했을 것이고, 앞으로도 무수한 사람이 같은 시도를 반복할 것입니다. 그 비밀만 안다면 이 세상의 모든 돈을 쓸어 모으는 것은 시간문제일 테니까요.

아직까지 그것을 발견한 사람은 아무도 없습니다. 그렇지만 여전히 적지 않은 투자자가 단순하고 명쾌한 투자 비법이 있다고 믿습니다. 언젠가 그런 비법을 갖고 있는 숨은 고수를 만나기만 한다면 대박을 터뜨려 인생을 역전할 수 있을 거라고 생각합니다.

비법을 공개했지만 투자자의 역량에 따라 결과가 달라질 수 있다는 말도 사기에서 흔히 쓰는 수법입니다. 같은 조건에서 같은 결과가 나와야 비로소 유효한 법칙으로 인정받습니다. 틀린 법칙이기 때문에 사람에 따라 다른 결과가 나오는 것이지요. 마음 편히, 안전하게, 꾸준하게 자산을 증식해주겠다는 달콤한 말도 현실에서는 성립될 수 없습니다.

제가 이 책에서 설명했듯이 기대수익률은 투자 리스크에 비례합니다. 마음 편히, 안전하게, 꾸준하게 얻을 수 있는 것은 은행 이자 수준의 수익률뿐입니다. 투자는 모든 결과를 자신이 책임지고 오랜 기간 마음고생을 겪으며 수익이 나기를 묵묵히 기다리는 과정입니다. 투자 수익은 결코 불로소득이 아닙니다.

대다수 사람이 자산관리를 할 때 뭔가 대단한 비법이 있을 것이라고 기대합니다. 그런 환상을 좇다 보면 잘못된 길로 빠져 피같은 돈을 날리기도 합니다. 젊은 날에 한 번쯤 그런 실수를 할 수도 있습니다만 실수를 반복하지 않고 이를 통해 교훈을 얻는 것이 중요합니다. 적어도 50대에 접어들어 이런 실수를 저질러서는 안 되겠죠.

투자의 법칙은 절대로 단순하고 명료하지 않습니다. 자산 가격은 반복되는 규칙을 갖고 움직이지도 않습니다. 저는 자산관리를 할 때 계산하는 것이 필수라고 생각합니다. 이 책에서 다양한 방법으로 돈에 대한 계산을 시도한 것은 이런 이유 때문입니다.

인간의 예측은 틀리기 마련입니다. 하지만 계산을 통해 어느 정도 미래를 대비할 수 있습니다. 이미 시작된 100세 시대에 우리가 필요로 하는 것은 일회성 성공이 아니라 꾸준한 수익을 내서 자산을 차곡차곡 쌓아가는 일입니다. 그리고 노후를 살아가는 데 필요한 최소한의 현금흐름을 마련해놓는 일입니다. 원칙과 계산을 강조하는 것을 좋아하는 분은 별로 없겠지만, 이 책이 가리키는 방향을 꾸준히 따라가다 보면 어느 순간 남들보다 더 여유로운 삶을 누리고 계실 거라고 확신합니다.

3년 전 위즈덤하우스가 50대를 위한 자산관리를 주제로 책을 써보자는 제안을 했고, 저는 겁도 없이 덜컥 받아들였습니다. 그동안 강의해온 경험과 모아둔 자료를 활용한다면 꽤 괜찮은 내용의 책이 될 거라 생각했지만 근거 없는 자신감이었습니다.

처음에 품었던 원대한 포부와는 달리 이 책의 내용을 채워갈수록 여러모로 부족하다는 사실을 인정하지 않을 수 없었습니다. 전업 작가가 아니기 때문에 따로 글 쓸 시간을 내기도 어려웠습니다. 바쁜 업무를 핑계 삼아 차일피일 미루다가 드디어 책을 완성하게 됐습니다. 다소 부족하지만 제 경험과 의견을 충실히 담고 자료를 보충하며 최선을 다했습니다. 독자 여러분께서 이 책을 읽고 조금이나마 노후를 준비하는 데 도움을 받으신다면 저는 더할 나위 없이 기쁘겠습니다.

"내 자산을 지켜야 하는 사람은
바로 자신임을 깨닫는 것이
투자의 첫걸음입니다."

평생 월급처럼 받게 해주는 연금 인출 전략

재테크는 오십부터

초판 1쇄 인쇄 2023년 6월 27일
초판 1쇄 발행 2023년 7월 5일

지은이 지철원
펴낸이 이승현

출판2 본부장 박태근
MD독자 팀장 최연진
편집 최연진 임경은
디자인 조은덕

펴낸곳 ㈜위즈덤하우스 **출판등록** 2000년 5월 23일 제13-1071호
주소 서울특별시 마포구 양화로 19 합정오피스빌딩 17층
전화 02) 2179-5600 **홈페이지** www.wisdomhouse.co.kr

ⓒ 지철원, 2023

ISBN 979-11-6812-664-0 03320